5

Cours pratique de franc-maçonnerie. 1-5èmes cahiers. Cahier 3 / publié sur la demande et sous les auspices de la R. L. Isis-Montyon, par le F. C. Dupontès

http://gallica.bnf.fr/ark:/12148/bpt6k9735195q

9 782329 459813

COURS PRATIQUE
DE
FRANC-MAÇONNERIE,

PUBLIÉ SUR LA DEMANDE ET SOUS LES AUSPICES
DE LA R.·. L.·. ISIS-MONTYON,

Par le F.·. C.·. DUPONTÈS.

TROISIÈME CAHIER,
GRADE DE MAITRE.

Seconde Edition.

PARIS.
Chez l'AUTEUR, au Bureau de l'*Encyclopédie Maçonnique*.

1846.

INSTRUCTION
SUR LE
GRADE DE MAITRE
AUX DEUX RITES, FRANÇAIS ET ÉCOSSAIS.

CHAPITRE VII.

CATÉCHISME DU MAITRE,
OU
Conférence entre le T.·. R.·. et les T.·. V.·. Surv.·.

Nota. Nous répétons que nos catéchismes sont de simples commentaires (p. 75), dans lesquels nous essayons de faire ressortir les caractères spéciaux et la moralité de chaque Gr.·., sauf les développemens ultérieurs, et non des formulaires destinés à remplacer les Catéch.·. officiels; qu'en conséquence, nous pouvons omettre certaines questions de ceux-ci, soit parce qu'elles ne nous semblent pas fort importantes, soit pour ne pas publier ce qui ne doit se révéler qu'en Loge. Les présidens d'Atel.·. sauront discerner ce qu'ils doivent ajouter ou retrancher aux questions que nous posons.

Voyez p. 103, pourquoi nous numérotons les questions.

LE T.·. R.·. AU T.·. V.·. 1er SURV.·.

1. DEMANDE : T.·. V.·. 1er Surv.·., êtes-vous Maître?

RÉPONSE : *Examinez-moi, l'acacia m'est connu.*

2. D. Quel rapport cet arbre a-t-il avec la Maîtrise?

R. Les MM.·. qui allèrent à la recherche de l'archit.·. Hiram, ayant trouvé un tertre qui paraissait couvrir un cadavre, et dont la terre était fraîchement remuée, y plantèrent, pour reconnaître le lieu, une branche d'acacia. De là, cet arbre est devenu un symbole Maçonn.·., et particulièrement celui de la Maîtrise.

3. D. Qu'était Hiram?

R. L'Architecte qui présidait à la construction du temple de Salomon. Il fut tué par trois perfides compagnons, qui voulurent lui arracher le mot de M.·., afin de jouir, dans un autre pays, des avantages de ce Gr.·., qu'ils n'avaient pas encore mérité.

4. D. Que signifie le mot Hiram?

R. Il veut dire élevé. Pour le distinguer du roi de Tyr, qui avait le même nom, on l'appelle souvent *Hiram-Abi* (père élevé), ou *Adonhiram* (seigneur élevé), d'où est venu le nom de *Maçonn.·. Adonhiramite* (A), et ce qui donne lieu à diverses interprétations astronomiques et religieuses. Les Maç.·. regardant Hiram comme leur père *(Abi)*, et voulant honorer sa mémoire dans la personne de sa veuve, s'appellent entr'eux L.·. E.·. D.·. L.·. V.·.

5. D. Comment avez-vous été introduit en L.·. de M.·.?

R. Par le signe, la marche et en costume de Comp.·., les bras nus, signe de mon ardeur au travail, et la poitrine également nue, signe d'un cœur ouvert et dévoué à mes FF.·., une équerre attachée au bras, signe de ma droiture et de ma régularité.

6. D. Comment avez-vous été conduit et traité?

R. En Comp.·. suspect, et l'on m'a fait entrer à reculons.

7. D. Pourquoi, mon F.·.?

R. Parce que, dans la défiance qu'inspirait aux M.·. la mort d'Hiram, dont ils ne connaissaient pas encore les auteurs, ils voulaient s'assurer de moi, et m'empêcher de voir ce qui se passait dans la L.·. avant d'avoir acquis la certitude que je méritais d'être admis parmi eux.

8. D. Comment êtes-vous parvenu à la M.·.?

R. Par ma participation à cinq séances d'instruction comme App.·., et à deux comme Comp.·. (Statuts gén.·.), en prouvant que je connaissais bien ces deux Gr.·., et que j'avais franchi les cinq premiers deg.·. du temple, c'est-à-dire, que j'avais fait des efforts pour acquérir les qualités et les vertus de l'App.·. et du Comp.·. (Q.·. 39, p.·. 118).

9. D. De quelles qualités les 6e et 7e deg.·. du T.·. sont-ils les symboles ?

R. Ils marquent que le M.·. doit ajouter aux cinq premières qualités : 1° pour le 6e deg.·., la modération dans ses prétentions et dans ses désirs, qui met en garde contre l'orgueil, l'envie et la cupidité ; 2° pour le 7e, le courage et la résignation dans le malheur, soutenues par l'espérance d'un meilleur avenir dans cette vie ou dans l'autre.

10. D. Qui vous a présenté ?

R. Le F.·. 1er Surv., qui a rempli les formalités que le 2e Surv.·. avait observées avant d'appuyer ma demande du gr.·. de Comp.·. (observer ce qui est dit Q.·. 6, 7, 9, 10 et 11, p. 104 et 105).

11. D. Où avez-vous été examiné sur le 1er et le 2e gr.·. ?

R. En L.·. de Comp.·., et j'ai encore été interrogé par le T.·. R.·., lorsque j'ai été introduit dans la ch.·. du milieu.

12. D. Qu'est-ce que la ch.·. du milieu ?

R. C'est l'enceinte où se trouve le corps d'Hiram, qui est au milieu de la L.·. de M.·.

13. D. Qu'avez-vous remarqué dans la L.·. ?

R. La consternation causée par le crime qui privait les ouvriers d'un bon et habile maître.

14. D. Quelles ont été les formes de votre réception ?

R. D'abord très sévères pour moi. Mais lorsque j'eus prouvé mon innocence, ce qui m'était très facile, j'ai représenté M.·. Hiram, et les deux grandes phases de la mort et de la vie nouvelle par lesquelles il a passé.

15. D. Avez-vous regardé la résurrection d'Hiram comme un fait?

R. J'avais trop bien appris à connaître l'esprit philosophique et allégorique de la Maçonn.·., pour ne pas voir là une fiction et un symbole. Jusqu'alors on ne m'avait guère présenté que des emblèmes matériels. Ici il y a un drame mystérieux, un *mythe* (p. 153), où tout est allégorique, l'action, la victime et les meurtriers. En offrant ce drame à ses disciples, la Maç.·. semble avoir voulu les avertir que beaucoup de faits de ce genre, contraires aux lois éternelles de la nature, ne sont que des symboles. Voilà comme elle a des secrets qu'elle ne revèle pas explicitement (p. 14), mais que les M.·. intelligens découvrent. Elle n'établit pas de controverses dans son sein, afin de n'affliger aucune croyance; mais, en mettant sous les yeux du candidat un mort qui revient à la vie, elle soumet à son jugement cette grande question, qu'elle lui laisse résoudre à son gré, sans même lui en demander la solution : les lois établies par le Grand Géomètre sont-elles immuables, ou peuvent-elles être changées dans l'intérêt d'un individu, d'une famille, d'une peuplade, de la terre elle-même, qui est à peine, dans l'immensité de l'univers, ce qu'est un grain de sable dans l'Océan ?

16. D. Comment expliquez-vous cette allégorie, qui est le caractère distinctif du gr∴?

R. Je pense qu'en prenant pour base les deux conséquences générales qu'elle présente, le bien succédant au mal réel ou apparent, et le renouvellement perpétuel de toutes choses, elle se prête à de nombreuses applications dans l'ordre physique et dans l'ordre moral. (Voir les développ∴ ci-après, § I.)

17. D. Parmi ces explications qui doivent être en effet très nombreuses, puisqu'elles embrassent tout ce qui existe, il y en a sans doute qui sont des objets de curiosité, et d'autres, d'importantes considérations morales. Avez-vous reconnu ces dernières ?

R. J'ai été frappé d'une première pensée, d'où résultent la conviction de la dignité de notre nature, une juste appréciation des peines d'une vie passagère, notre consolation et le soutien de notre courage dans ces peines, l'attachement inébranlable à nos devoirs et à la vertu, en dépit de toutes les séductions et de toutes les passions. Cette pensée est celle de notre immortalité, vérité de sentiment, qui est dans nos ames, tourmentées de désirs sans bornes, qui seule explique l'ordre moral, et qui se lie nécessairement à l'idée d'un Dieu dont la justice doit récompenser la vertu persécutée et punir le crime triomphant, d'un Dieu qui nous aurait traités plus mal que les brutes, en nous donnant la prévoyance de la mort (p. 185), si cette vie terrestre ne devait pas être suivie d'une autre. Et comment l'être pensant périrait-il, puisque la matière elle-même ne périt pas, qu'elle se perpétue par des transformations continuelles ?

Ainsi, immortalité de l'individu homme, immortalité de la famille humaine, par la succession des générations, immortalité du grand ensemble créé ou arrangé par le puissant géomètre, voilà ce que nous enseigne la résurrection allégorique de M.·. Hiram.

18. D. Que devient l'intelligence humaine au milieu de ces transformations et renouvellemens?

R. Elle aussi se perpétue, elle grandit et se perfectionne. Les générations profitent des travaux de celles qui les ont précédées, elles ajoutent des découvertes nouvelles à celles que leurs pères leur ont transmises : magnifique privilège dont le G.·. A.·. a gratifié l'homme à l'exclusion des autres animaux, qui sont bornés à leur instinct individuel, et dont les races ne sont pas plus avancées que celles qui ont vécu il y a des milliers de siècles. Immortalité de l'intelligence humaine, c'est le vrai sens de la métempsycose : les hautes conceptions d'un homme de génie, passent dans un autre, qui perfectionne ce que le premier a inventé, qui invente à son tour ce que ses successeurs perfectionneront. De là les bienfaits du génie, de là des merveilles dont l'annonce aurait été regardée comme de folles rêveries par des générations à peine écoulées.

19. D. Vous regardez donc l'*immortalité* et le *génie* comme les deux objets principaux que le gr.·. rappelle à notre attention?

R. Oui, et quant aux vertus pratiques, j'y vois une noble émulation pour le progrès social et pour nos progrès individuels, et les deux vertus dont j'ai déjà parlé, la modération dans les désirs, et le courage dans le malheur, fondés sur l'espoir d'un meilleur avenir, la résignation aux maux irréparables, dans l'attente d'une vie qui n'aura ni soucis ni chagrins.

Espérance, espérance! c'est la consolatrice de tous les maux. Tant que l'homme la conserve, il supporte l'adversité avec constance, il est plus en état de la vaincre, de la réparer, de la tourner même en bien. Nous avons toujours une meilleure situation à espérer, soit dans cette vie, soit dans l'autre. Les anciens nous ont donné la même leçon par une allégorie ingénieuse. La boîte de Pandore renfermait tous les maux; mais au fond de cette boîte était l'espérance *.

20. D. Puisque la vie immortelle sera exempte de soucis et de chagrins, ne devons-nous pas soupirer après elle, et nous hâter même d'en jouir, en abrégeant nos jours?

R. La pensée de la mort porte le sage à vivre toujours de manière à pouvoir se rendre à l'heure suprême le témoignage consolant qu'il a fait un bon et utile emploi de la vie pour les autres et pour lui-même. Mais il attend paisiblement cette dernière heure, sans la désirer comme sans la craindre. Il sait que son passage sur la terre est

---

* Dans le rit de la *Stricte Observance,* pratiqué par plusieurs LL.·. d'Allemagne, le symbole de la Maîtr.·. est un vaisseau sans mâts, sans voiles, flottant sur une mer calme, avec la légende *ma force est dans le silence et l'espérance.* Le sage souffre ses maux patiemment, sans éclater en plaintes : voilà pour le silence. Mais il ne s'embarquera pas sur un vaisseau sans mâts et sans voiles. Il faut toujours espérer, mais il n'est pas moins nécessaire d'être prudent; car Dieu n'aide que ceux qui s'aident eux-mêmes. La devise n'est bonne qu'en supposant que dans le cours de la navigation, le vaisseau perd ses agrès. Dans ce cas, l'homme fort conserve encore l'espoir, ou du moins se résigne.

un poste qui lui a été confié par le souverain ordonnateur; il se regarde comme un soldat qui ne déserte pas son poste avant d'avoir été rappelé par son général.

21. D. Comment, avec un Dieu qui doit être infiniment puissant et infiniment bon, sans quoi il ne serait pas Dieu, expliquez-vous le mal qui existe dans le monde?

R. C'est une question difficile à résoudre, qui a été agitée de tout temps par les ministres des cultes et par les philosophes, et qui a donné lieu à un grand nombre de systèmes.

Le mal moral s'explique assez facilement. Il est l'effet des passions, que Dieu nous a données comme des instrumens avec lesquels nous pouvons faire beaucoup de bien, mais dont nous abusons pour notre malheur et pour celui de nos semblables, en vertu de notre liberté d'agir bien ou mal, sans laquelle nous serions réduits à l'instinct des bêtes, et malgré notre raison, notre conscience, qui sont aussi des présens de la bonté divine.

Quant au mal physique, il nous paraît tel, à nous qui en souffrons. (Voir les développ., p. 186.) Mais il est une suite nécessaire des lois naturelles, qui assurent la conservation et le renouvellement des différentes parties de l'univers. Ainsi, pour n'en citer que quelques exemples, l'air agité est souvent nuisible sur des parties de terre et de mer; mais s'il était toujours calme, l'atmosphère serait bientôt corrompue, et nous serions privés de bien des avantages que les vents nous procurent. Il en est de même des orages, des volcans, des tremblemens de terre, des inondations, et autres phénomènes, qui produisent des dommages partiels, mais qui viennent de causes sans lesquelles notre globe serait froid et stérile, ou ne serait pas continuellement arrosé par de grands fleuves.

Ceux des maux physiques qui nous affligent le plus généralement et le plus fréquemment, les maladies, sont les effets, ou de la mauvaise conduite de nos pères, ou de la nôtre, de notre manière de vivre, bien éloignée du vœu de la nature, du luxe et de l'oisiveté dans certaines classes, d'un travail meurtrier et des privations dans d'autres, de l'intempérance et de l'abus des plaisirs dans toutes. Sauf des accidens naturels, Dieu ne fait que des êtres sains, témoins les animaux qui vivent en liberté.

Enfin, d'après la puissance, l'intelligence et la sagesse avec lesquelles sont coordonnés les millions de mondes qui composent cet immense mécanisme dit l'univers, dont les bornes de notre intelligence ne nous permettent pas de saisir tout l'ensemble, tous les détails et tous les rouages, nous devons être convaincus que le grand Mécanicien a fait de notre globe ce qu'il peut et doit être au milieu des mondes innombrables dont il est une infiniment petite partie, que l'homme lui-même, autre bien petit monde, dont l'organisation est merveilleuse, est également tout ce qu'il peut et doit être suivant la place et le rôle qui lui ont été assignés, et que son auteur lui a donné, à condition qu'il se servira de sa raison, les moyens de se procurer tout le bonheur auquel il peut prétendre dans cette vie fugitive et d'épreuves, exposée aux accidens qui résultent des lois générales et immuables de la nature, et des froissemens de l'ordre social.

AU SECOND SURV.·.

22. D. T.·. V.·. 2e Surv.·., que pensez-vous

de la conduite d'Hiram, qui a souffert volontairement la mort plutôt que de communiquer à des Comp.·. un mot qu'ils ne devaient pas connaître ?

R. Ce courageux dévouement apprend aux Maç.·. que ni séductions, ni menaces, ni violences, ne doivent les faire dévier de leur devoir, et qu'il faut lui tout sacrifier, même la vie, s'il est nécessaire.

23. D. Qu'est-ce que représentent les trois Compagnons, assassins d'Hiram ?

R. Les trois passions les plus communes dans le monde prof.·., et qui sont en même temps les sources les plus fécondes de crimes et de calamités publiques et privées, savoir : l'orgueil, l'envie et la cupidité. Il faut les combattre jusqu'à ce qu'on les ait étouffées dans son cœur; car elles sont le tourment de l'homme qui a le malheur de leur céder. Portées à un certain degré d'exaltation, elles peuvent l'entraîner dans les crimes les plus atroces.

24. D. Qu'opposerez-vous à l'orgueil ?

R. La modestie. Le compagnon modeste ne se flatte pas d'avoir la science d'un maître; et le maître lui-même, plus il apprend, mieux il reconnaît quil ne sait rien relativement à ce qui lui reste à apprendre. Il se défie de sa capacité, et fait tous ses efforts pour l'augmenter par son application.

25. D. Qu'opposez-vous à l'envie, fille de l'orgueil, et qui ronge le cœur de ceux qui en sont les esclaves, qui affaiblit même leur constitution physique, et imprime la lividité sur leur front ? *

* Sur son front pâle et sombre habite le chagrin ;
Une affreuse maigreur a desséché son sein.

R. A cette triste et basse passion, qui tue, a dit Job, j'oppose l'amour de mes semblables, qui me porte à me réjouir de leurs succès. Leur prospérité, loin de m'inspirer une inutile et funeste jalousie, excite en moi une émulation salutaire, qui m'encourage à redoubler d'efforts pour égaler et même surpasser mes concurrens. Cette émulation, qui tend sans cesse à perfectionner, est aussi utile à la société qu'à ceux qu'elle anime.

26. D. Qu'opposez-vous à la cupidité?

R. La modération des désirs, qui, jointe à l'activité calme et prudente, conduit à l'aisance, sans les tourmens qu'entraîne l'ambition exagérée des fous qui se tuent pour vivre, ou se ruinent pour avoir voulu devenir riches trop rapidement.

27. D. Des meurtres analogues à celui d'Hiram, se trouvent-ils dans d'autres institutions mystérieuses?

R. Il y en a dans presque toutes, anciennes et modernes; et comme elles ont pour base le cours du soleil, tous ces meurtres, ou disparitions momentanées, paraissent être le symbole de l'astre qui revient vivifier l'hémisphère qu'il avait pour ainsi dire abandonné dans les mois précédens. (Voir les développ.·. p. 189 et suiv.)

Le fiel rouille ses dents; son œil est faux et louche;
Le venin de son cœur distille de sa bouche.
Triste de notre joie, elle ne rit jamais
Que des maux qu'elle a vus, ou de ceux qu'elle a faits.
Et la nuit et le jour, un soin rongeur l'éveille;
La voix de la louange afflige son oreille.
Son supplice est de voir la gloire des talens :
Elle sèche et périt de leurs succès brillans,
Veut leur nuire, et se nuit....

Portrait de l'Envie, SAINT-ANGE, *traduct. d'*OVIDE.

28. D. Comment expliquez-vous dans ce gr.·. la lettre G.·. de l'ét.·. flamb.·. qui brille à l'Or.·. comme dans le gr.·. de Comp.·.?

R. Par le mot *génie*, qui est aussi une émanation de la divinité.

29. D. Où travaillent les MM.·.?

R. *A tous les côtés du triangle* * (toutes les parties de la L.·.), c.·. à d.·., que partout où ils portent leurs pas, ils doivent répandre la lumière et les bienfaits. La même leçon est donnée par les voyages que font vers les quatre points cardinaux, les MM.·. chargés de chercher Hiram.

30. D. Sur quoi travaille le M.·.?

R. *Sur la pierre cubique* (sans pointe), qui présentant ses six faces parfaitement semblables, est l'emblème de l'un des premiers attributs de la perfection morale, de l'égalité d'ame, de caractère et de conduite, et nous avertit d'être toujours les mêmes dans la vie privée comme dans la vie sociale, dans la prospérité comme dans l'adversité, des hommes aussi estimables par leur probité sévère et par la pureté de leurs mœurs, qu'aimables par leur bonté, leur douceur et leur affabilité, des hommes forts pour le bien, forts contre le mal.

31. D. Sur quoi le M.·. travaille-t-il encore?

R. *Sur la pl.·. à tracer*, c.·. à d.·. qu'il doit dresser des plans aussi parfaits qu'il lui est possible, pour donner à ses FF.·. des instructions et des avis utiles, pour échauffer leurs cœurs de l'amour du beau moral et de la vérité.

32. D. Quels devoirs lui impose son titre de M.·. à l'égard de la Maçonn.·. et de sa L.·.?

---

* Une L.·. a la forme d'un quadrilatère; mais dans certains cas on la considère comme un triangle, formé par une ligne tirée du 1er au 2e surv.·., et de deux autres lignes allant de chacun de ceux-ci jusqu'au Vén.·.

R. De redoubler de zèle pour les intérêts de notre Ordre, de chercher à lui procureur de dignes soutiens, d'instruire les App.·. et les Comp.·., de ranimer leur ardeur si elle se refroidissait, de les rappeler à l'esprit de paix, de concorde et de fraternité s'ils s'en écartaient.

33. D. Si un M.·. était perdu, où le retrouverait-on?

R. *Entre l'équerre et le compas*, emblèmes de la sagesse et de la justice, qui caractérisent le vrai M.·.

34. D. Quel âge avez-vous comme M.·.?

R. *ans* *. (Voir fin de la p. 156.)

35. D. Quel est le bijou de la maîtrise?

R. Un triangle d'or, ayant au centre le nom de JÉHOVAH, ancien mot sacré du M.·., qui ne doit jamais perdre de vue les enseignemens dont ces deux signes sont les emblèmes (p. 23). Salomon fit inscruster ce triangle et ce nom sur le tombeau d'Hiram, et ordonna qu'on substituerait aux anciens, les mots, sign.·. et attou.·. convenus entre les neuf M.·. qui étaient allés à sa recherche.

36. D. Comment relève-t-on Hiram?

R. Après deux essais infructueux des deux Surv.·. par les attouch.·. d'App.·. et de Comp.·., le T.·. R.·. le relève avec leur aide, par ce qu'on appelle les *cinq points parfaits* de la Maçon.·., comme étant le symbole très expressif de la charité ardente, du zèle à s'aider réciproquement, et de l'union intime qui doivent régner entre

---

* On ajoute ordinairement *et plus*. Cette addition peut se faire dans un rit qui ne reconnait que trois g.·.; mais non dans celui qui en a de supérieurs, où l'on indique un âge plus avancé.

les FF.·. : 1° pied contre pied ; 2° genou contre genou ; 3° jonction des deux mains droites par la grippe ; 4° sein contre sein ; 5° la main gauche d'abord sur le dos, pour relever le représentant d'Hiram, puis sur l'épaule pour le soutenir. Ravi d'avoir retrouvé un F.·., le T.·. R.·. lui donne le baiser de paix.

37. D. Veuillez expliquer ces signes.

R. Dans leur ensemble ils marquent une suite de rapprochemens qui deviennent de plus en plus intimes. Dans les trois premiers, on joint les pieds, les genoux, les mains. Par le quatrième, on rappelle que deux cœurs de M.·. sont tellement unis qu'ils n'en font qu'un, et qu'en véritables amis, ils se donnent réciproquement des conseils dictés par la sagesse et la franchise ; par le cinquième, que nous soutenons nos FF.·. dans leurs périls, dans leur infortune, dans leurs infirmités physiques, et aussi dans leurs faiblesses morales, en tâchant de les ramener à la raison s'ils s'en écartent ; enfin le baiser de paix marque la douceur, la tendre et sincère affection qui caractérisent les relations des M.·. entr'eux, et qui sont l'essence de la Maçonn.·., *science pratique de l'amitié et du bon cœur.*

38. D. Quel avertissement donne la couleur du cordon de M.·.?

R. *Celui d'être dans nos sentimens et dans notre conduite, aussi purs que l'azur des cieux.*

39. D. Que signifie la branche d'acacia placée sur le tombeau d'Hiram ?

R. Cette branche, verdoyante au sein de la mort, est l'emblème du zèle ardent que le M.·. doit avoir pour la vérité, au milieu des hommes corrompus qui la trahissent, et sans lequel on ne mérite pas d'être admis dans son sanctuaire. Il y avait des emblèmes analogues dans les mystères anciens, le myrthe à Eleusis, le lotus en Egypte ; le rameau d'or était nécessaire au fils d'Anchise pour parvenir vivant au séjour de l'Elysée.

40. D. Quel est le sens allégorique du soin que prit Salomon pour trouver les Comp.·. coupables?

R. Il nous avertit de mettre le même soin à vaincre et à terrasser nos mauvaises passions, qui donnent la mort à l'ame.

41. D. Que devons-nous conclure du lieu retiré où l'on trouva ces Comp.·.?

R. Le coupable se cache, mais le remords le suit dans la retraite la plus profonde. Là, dans la solitude, ils ne purent étouffer le cri de la conscience, et se livrèrent à de tardifs regrets. Nous aussi, sans avoir de crimes à nous reprocher, fuyons quelquefois le tumulte, et recueillons-nous en nous-mêmes pour réfléchir sur nos défauts, et nous en corriger. C'est dans la solitude que l'homme s'éclaire et entend mieux la voix de la vérité. C'est dans la paisible retraite des penseurs, que la vérité est sortie radieuse pour changer le monde, semblable au diamant, qui brille de la lumière la plus pure, après s'être formé dans les sombres entrailles de la terre.

42. D. Outre l'immortalité, dont la résurrection d'Hiram est l'emblème, ne voyez-vous pas encore un symbole moral dans le fait qu'il s'est relevé plein de force, quoique déjà *la chair quittât les os?*

R. Un revers peut nous abattre un instant; mais la mauvaise fortune doit bientôt nous retrouver debout, et plus forts qu'elle. Un autre mal plus à craindre que les coups du sort, c'est le vice. Celui qui a eu le malheur de s'y laisser entraîner, peut encore reprendre sa dignité d'homme, par le repentir, et par un retour sincère à la vertu.

AU 1er SURV.·.

43. D. T.·. V.·. 1er S.·., à quoi reconnaîtrai-je que vous êtes M.·.?

R. *A mes mots, s.·. et att.·.*

44. D. Donnez-moi le signe au rit Français.

R. Placer le pouce..... La première partie est le signe d'ordre.

45. D. L'attouch.·.? — R. Se prendre. . .

46. D. Le mot sacré avec sa signification?—R. .

47. D. Le mot de passe, avec sa signif.?—R. .

48. D. La batterie? — R. . . . .

49. D. La marche? — R. . . . .

AU 2e SURV.·.

Répéter la Q.·. 43. — Même réponse.

50. D. T.·. V.·. Sec.·. Surv.·., donnez-moi le premier s.·. au rit Ecossais, celui d'ordre.—R. .

51. D. Le second signe? — R. . . . . . .

52. D. Le signe de détresse? — R. . . . . .

53. D. L'attouch.·.? — R. . . . .

54. D. Le mot sacré, et sa signif.·.? — R. .

55. D. Le mot de passe? — R. . . . . . .

56. D. La batterie? — R. . . . .

57. D. La marche? — R. La même qu'au rit Franç.·.

Questions fondamentales à faire sur le 3e gr.·.

1, 29, 30, 31, 33, 34, 38, 43 et suiv.·. sur les mots, sig.·., etc. On doit répondre par le texte littéral, qui est très court, et donner le sens des explications quand il y en a. Etre prêt aussi à donner le sens des principaux emblèmes.

CHAPITRE VIII.

INITIATION AU G.·. DE MAITRE.

§ I. *Caractères et spécialités de ce gr.·.*

Avis. Les divers trav.·. d'un atel.·. qui ne se réunit qu'une ou deux fois par mois pendant quelques heures, laissent peu de temps aux instructions directes. C'est ce qui a rendu nécessaires les catéchismes, qui offrent la substance et le résumé des doctrines de chaque grade. Mais ces abrégés ont besoin d'être développés de temps en temps, et surtout dans les réceptions, par des instructions raisonnées et plus complètes. Tel est le but des chapitres qui suivent les catéchismes. L'enseignement sommaire et celui qui est plus étendu, roulant sur les mêmes objets, on doit s'attendre à des répétitions. Nous ne pouvons les éviter entièrement; mais nous en varions la forme autant qu'il nous est possible, ou nous disons dans l'un, sur un même sujet, ce que nous omettons dans l'autre. Au reste, l'un et l'autre sont bons à consulter, parce qu'il y a des parties qui sont traitées dans le catéchisme, et ne le sont pas dans les considérations générales, et réciproquement.

Si le 2e G.·. est riche en emblèmes matériels, qui ont chacun une application particulière, le 3e, par suite du grand fait allégorique qui en est la partie dominante et presque exclusive, n'est pas moins fécond en enseignemens généraux, propres à faire un homme d'une moralité sûre, un homme supérieur, un vrai F.-Maçon. Nous devons faire tous nos efforts pour n'en omettre aucun, afin que les RR.·. MM.·. qui confèrent ce beau gr.·., et les Orateurs, puissent choisir ceux qu'ils jugeront les plus convenables, et les développer plus ou moins, suivant les circonstances, suivant le caractère ou le degré d'instruction des récipiendaires. Cette considération, jointe à l'importance et au nombre de ces enseignemens, nous oblige à des développemens de quelque étendue.

C'est par vanité, suivant quelques auteurs, que les F.·. Maç.·. font remonter leur origine aux anciennes initiations : ils viennent d'une de ces corporations de métiers, qui ont été en si grand nombre dans les siècles précédens; celle des Maçons constructeurs a survécu aux autres, parce qu'ils avaient à s'occuper de trav.·. qui exigeaient plus d'instruction, plus d'ensemble. Pour élever de grands édifices religieux, des châteaux, etc., ils avaient plus besoin de s'associer, de s'entendre, de former entr'eux des espèces d'écoles d'enseignement mutuel, que des tailleurs, des cordonniers, et autres, qui travaillent isolément.

Le fait peut être vrai, mais la conclusion qu'on en tire, est fausse. Les Fr.·. M.·. n'en ont pas moins aujourd'hui le droit de placer leur berceau dans les souterrains de l'antique initiation. La société des constructeurs s'étant perpétuée, tandis que les autres se sont éteintes, a fini par admettre dans son sein des hommes étrangers à l'art de bâtir. Lorsque ces nouveaux adeptes ont été en majorité, ils ont conservé les formes, mais ont changé le fond. L'architecture n'a plus été qu'un symbole; on a fait une Fr.·.-Maçonn.·., d'abord sur différens systèmes erronnés, tels que l'hermétisme, la pierre philosophale, l'alchimie, et autres, en y joignant des principes religieux et moraux, puis exclusivement religieuse, morale et philosophique, lorsque le progrès des lumières a ouvert les yeux sur la folie des premiers systèmes. On a suivi pour les réceptions, la doctrine des anciens initiés, on a imité leurs formes autant qu'on l'a pu. On est donc fondé à s'en dire les successeurs.

Le 3e gr.·. a-t-il, comme les deux premiers, de l'analogie avec les mystères de l'antiquité? Cette question n'est pas facile à résoudre. Malgré quelques assertions contraires, les auteurs les plus graves, et qui ont le plus approfondi l'histoire des initiations, s'accordent à dire que les anciens ne communiquaient les grands mystères qu'à ceux qui étaient destinés au sacerdoce, et non aux étrangers, par lesquels seuls nous avons eu quelques renseignemens sur la première initiation, et sur son complément, dont nous avons fait le 2ᵉ grade. Remarquez bien que là, comme dans nos Temples, on ne révélait dans ces deux gr.·., aucun secret réel à l'initié, sauf, peut-être, qu'on lui donnait à deviner plutôt qu'on ne lui déclarait explicitement, celui de la théologie naturelle, opposée aux superstitions qui régnaient parmi la multitude. On se contentait de l'éprouver, et de lui recommander l'accomplissement rigoureux de ses devoirs. L'étranger n'allait pas plus loin, et pour celui qui ne l'était pas, les longues et rudes épreuves qu'il subissait, faisaient juger s'il était digne d'être admis aux *grands mystères*. Ceux-ci étaient sans doute, comme, depuis, chez les Jésuites, divisés en plusieurs classes ; car il y avait plusieurs ordres de prêtres, et l'on ne confiait les secrets que suivant l'importance des fonctions que chaque ordre avait à remplir. C'est ce qui a pu autoriser les Maç.·. à ajouter plus ou moins de gr.·. aux trois premiers.

Si, pour le 3ᵉ, on n'a pu emprunter les formes des anciens, faute de les connaître, on semble du moins avoir voulu imiter le mythe d'Osiris, d'Isis et du meurtrier Typhon, comme nous l'expliquons ci-après.

Ce qui est plus important qu'une question de pure érudition, c'est que la maîtrise est éminemment conforme à l'esprit des anciens mystères, petits ou grands, qui fut, ainsi que le prouve dans son savant ouvrage sur la Fr.·.-Maçonn.·., l'habile et infatigable fondateur et administrateur du Musée des monumens français, le F.·. Lenoir, de *lier le grand œuvre de la nature à des idées morales*, d'où il suit que c'est principalement à cette classe d'idées que les Maç.·. doivent s'attacher dans leurs recherches et dans leurs travaux (p. VII et 76).

Premiers enseignemens de la Maîtrise.

Nous avons posé un principe autrefois contesté dans quelques LL.·., et surtout dans quelques chapitres *, mais qui ne peut plus l'être au 19e siècle, c'est que la Maçonn.·. étant essentiellement destinée à réunir sous sa pacifique bannière tous les membres de la famille humaine, chacun de ses gr.·. doit avoir un caractère tel qu'il puisse être accepté par tout homme sincèrement attaché au culte dans lequel il a été élevé. C'est évidemment le mérite des deux premiers, auxquels il faudrait borner la Maçonn.·. si l'on ne pouvait donner le même caractère aux autres. Ils sont basés sur des principes de religion et de philosophie si universels, qu'ils pourraient presque être conférés dans une société non mystérieuse, et qui n'aurait pour objet que la morale. Aussi, à quelques nuances près, sont-ils pratiqués de la même manière dans tous les rites. La plupart de leurs emblèmes sont connus dans la vie civile, où ils sont expliqués comme dans nos Temples. Ne dit-on pas d'un homme qui est exact, qu'il agit avec compas et mesure? Qui ne sait que le niveau est le signe de l'éga-

* On y a discuté sérieusement si un Israélite peut être admis à nos mystères. La négative, le doute seul, serait le renversement de la doctrine fondamentale de la Maçonn.·. dans ce que sa mission a de plus beau, de plus utile, de plus humanitaire (p. 11).

lité? A-t-on rien dit en Maçonn.·. de plus beau et de plus juste que ce que nous avons cité p. 112, sur la Géométrie intellectuelle? Notre triangle lumineux avec le Jéhovah n'est-il pas dans beaucoup d'églises chrétiennes? Les deux seuls emblèmes qui inspireraient peut-être quelque répugnance au brachmane de l'Inde, au disciple de Confucius, à d'autres qui ne connaissent pas la Bible, ou qui la rejettent comme mêlant à de bons préceptes un alliage qu'ils désapprouvent, seraient Salomon et son Temple. Mais ils les admettront volontiers, lorsqu'on leur aura dit que laissant à chacun la liberté de son opinion sur ces objets considérés historiquement, nous ne les leur présentons que comme les symboles d'une grande idée morale.

Sans doute, il serait mieux que la Maçonn.·. n'eût fait aucun emprunt à des cultes particuliers, quels qu'ils fussent, et que dès l'origine, ses moyens d'enseignement eussent été pris dans la nature, et dans la civilisation générale, comme elle a puisé ses principes dans l'une et dans l'autre. Tel gr.·. semble consacré à des disciples de Moïse, tel autre à un système chrétien, et si exclusivement, que des Israélites, ou des chrétiens d'un autre système, ne veulent pas s'y présenter, d'autres à des Templiers. Malgré notre profession de foi sur le danger de changer cette organisation (p. 133), nous n'hésiterions pas à voter pour la suppression, ou la refonte complète de ces gr.·., si l'on ne pouvait les ramener à une doctrine universelle. Cela nous paraît facile sans changer les rituels *. Il ne faut que modifier cer-

* Ce serait une entreprise hasardeuse si elle était faite *officiellement*. Chaque pays ayant son corps Maçonn.·.

taines formes, et quand au fond, n'offrir aucun fait ou dogme particulier comme article de croyance, mais seulement comme symbole.

Telle a été certainement l'intention des instituteurs de la Maç∴; car, s'ils avaient voulu qu'on prît à la lettre ce qui n'est qu'allégorique, il y aurait dans l'ensemble des gr∴, une anomalie qu'on ne peut attribuer à des hommes de bon sens. La Maç∴ ne conviendrait qu'à une partie des habitans de la terre, et dans cette partie elle-même, il y en aurait qui accepteraient certains gr∴, et en rejeteraient d'autres. Dans la nécessité de bien cacher leur but, nos fondateurs n'ont-ils pas voulu au contraire apprendre à tous les Maç∴, à quelque secte religieuse qu'ils appartiennent, que non seulement ils sont d'accord sur les principes fondamentaux de tous les systèmes religieux, mais que par l'interprétation allégorique, ils peuvent s'accorder même sur les dogmes particuliers qui divisent les sectes. La doctrine allégorique est très ancienne. Elle existait parmi les sages, bien avant le christianisme, et dès l'origine du culte chrétien, elle était fort répandue, même parmi des pères de l'église. Elle l'est encore plus aujourd'hui, que c'est la mode dans un certain monde, de considérer le

---

constituant, quelques-uns même en ayant plusieurs, si un de ces corps changeait le rituel d'un rit, les autres corps qui l'administrent, accuseraient le novateur d'avoir dénaturé la Maçonn∴, et il pourrait en résulter des schismes. Ce reproche a été fait au G∴ O∴ de F∴, pour avoir beaucoup adouci, avec raison suivant nous, le 30e gr∴. Mais les atel∴, dans leur intérieur, peuvent, en conservant la doctrine, modifier les formes, et il n'y en a aucun qui ne le fasse, ne fût-ce que pour varier le mode des réceptions.

culte et ses mystères comme une poésie. Cette doctrine amènera, en fait de religion, un traité de paix générale.

C'est à partir du 3e gr.·. qu'il faut s'y attacher; car là surtout commence le système mystérieux, mystique même, qui se montre à peine dans les deux premiers. Il y a là un drame, moitié lugubre, moitié brillant. Si on le prend à la lettre, il offre des invraisemblances choquantes, il est contraire aux lois naturelles, à la raison, comme le sont beaucoup de dogmes, dénués de sens en apparence, mais très raisonnables, très poétiques si l'on veut, pour celui qui sait les interpréter. C'est un grand malheur sans doute pour les classes ignorantes, qui commencent par tomber dans la superstition, et finissent par perdre toute foi religieuse (p. 153 et 154) *. Elles s'éclaireront avec le temps, et reconnaîtront que ces dogmes ne sont pas des mensonges, mais des symboles de vérités utiles. La Maç.·., en propageant la doctrine allégorique, préférable à des disputes, à des persécutions pour des théories mystérieuses, qui n'étaient comprises ni par les bourreaux ni par les victimes, contribuera beaucoup à rendre cet important service à la société. Le drame de la maîtrise, ainsi considéré, recèle des enseignemens qui complètent ceux des deux premiers, quant aux idées morales nécessaires pour diriger dans leur conduite, la généralité des hommes, qui tous ont besoin des principes sim-

* C'est une mauvaise politique, a dit un philosophe du 18e siècle, de vouloir gouverner les hommes par des fictions; car tôt ou tard les yeux s'ouvrent, et l'on déteste d'autant plus les erreurs dans lesquelles on a été nourri, qu'on y a été asservi davantage.

ples et clairs de la philosophie pratique, et dont un petit nombre s'élève et peut s'élever à l'étude de la philosophie spéculative.

L'initié, renaissant à une vie nouvelle, a reconnu que beaucoup de prof.·., et lui-même peut-être, se sont laissé entraîner à l'une de ces deux erreurs opposées :

Ou le *défaut de foi*, qui réduit l'homme à la vie matérielle, le laisse sans frein et sans raison dans les jouissances physiques, sans consolation et sans espoir dans le malheur, et ne lui montre d'autre porte pour en sortir, que le crime ou le suicide;

Ou une *foi superstitieuse et aveugle*, qui rapetisse et obscurcit l'intelligence de l'homme, en fait une machine inutile à lui-même et aux autres.

Il a librement adopté la *foi éclairée* que l'initiation lui présente, cette foi simple et raisonnée, qui lui fait connaître ses rapports avec son auteur et avec ses semblables, lui donne le sentiment de sa dignité, l'encourage à de bonnes œuvres, à la pratique de toutes les vertus publiques et privées.

Il s'est réconcilié avec toutes les institutions religieuses, en n'y voyant que ce qu'elles ont de bon et d'utile à la moralité humaine; il les tolérera toutes; il fera plus : il les respectera (p. 153), disposé à interpréter comme des symboles ce que jusqu'alors il avait regardé comme des rêveries contraires à la raison; ou, s'il ne peut les interpréter d'une manière qui le satisfasse, il s'inquiétera peu de questions métaphysiques qui sont franchement présentées comme incompréhensibles, puisqu'on les appelle des mystères. Il reconnaitra que la religion, *toute la religion*, comme le dit expressément l'Evangile, consiste à rendre à Dieu, son auteur et son bienfaiteur, l'hommage d'un cœur reconnaissant, à aimer son prochain, à être homme de bien et charitable, préceptes clairs, et que tous les habitans de la terre, lettrés et non lettrés, comprennent parfaitement, préceptes auprès desquels des mystères ne sont qu'un accessoire assez indifférent; car, leur sens étant caché, ils ne peuvent contribuer à la perfection morale, qui doit être le seul but des institutions religieuses (B).

Il a appris ce qu'il est, d'où il vient, où il retournera, pourquoi il a été placé quelques instans sur cette terre (p. 30 et 31, 145 et suiv.).

Cette destination du perfectionnement individuel et social, il la remplit par le travail, le zèle et la prudence (p. 146 et suiv.).

Pour être tout-à-fait fidèle à sa noble mission, il a combattu, il a vaincu les passions qui l'en auraient détourné; il s'est procuré la satisfaction d'une vie sans reproche, le plaisir divin de soulager le malheur autant qu'il lui a été possible, d'aider ses proches, ses amis, ses voisins, tous ceux auxquels il a pu rendre de grands ou de petits services; il a joui de l'amour de tous, parce que lui-même les a tous aimés; il a mérité leur estime et la sienne propre.

Voilà une vie sagement et utilement employée, utilement pour lui, pour la patrie, pour l'humanité entière, qui profite des travaux et des bonnes œuvres de chacun.

Mais cette belle et heureuse existence ne peut être éternelle. Vient le moment où son poste doit être rempli par d'autres qui sont nés après lui. Il ne quittera pas ce poste avant le rappel; il ne désirera pas être rappelé avant le temps;

mais quand l'heure sonnera, il sera calme et résigné; il sortira de la vie avec la douce consolation d'avoir fait son devoir, avec la confiance assurée de retourner au sein de son auteur.

Ce calme et cette résignation lui seront inspirés par le spectacle de la mort d'un juste, qui l'a courageusement affrontée plutôt que de trahir son devoir. Cette mort violente, résultat d'un crime atroce, lui apprend à quel excès peuvent entraîner les passions qu'on n'étouffe pas dès qu'elles commencent à naître, et particulièrement l'orgueil, l'envie et la cupidité. C'est pour ne pas attendre qu'ils aient mérité par leur application et leur habileté, d'être élevés à la maîtrise, que trois Comp.·., nourrissant dans leur cœur un orgueil insensé, une basse jalousie, une cupidité qui ne l'est pas moins, finissent par être asservis à ces passions, au point de ne pas reculer devant un horrible assassinat. Funeste effet des mauvais penchans, qui aveuglent l'esprit, endurcissent et corrompent le cœur, et dont on n'est plus le maître quand on leur a laissé prendre de la force.

Nous avons vu (p. 84) que ce qui caractérisait principalement l'initié des anciens mystères, c'était le dévouement à son devoir. Dans notre maîtrise, le précepte est converti en exemple.

La mort, l'immortalité, le mal.

Dans toutes les initiations se trouve un personnage innocent arraché à la vie d'une manière barbare. Elles semblent avoir voulu nous familiariser avec la mort. Elle est en effet une grande leçon pour les vivans, et il est bon qu'ils en aient souvent l'image devant les yeux. Elle leur apprend à estimer à leur juste valeur les vanités de la vie, à s'attacher aux biens solides, à la paix de la conscience, à la noble indépendance, à l'activité dans les travaux, sans les tourmens de l'ambition et de la cupidité.

Précieuse faculté de prévoir la mort! de tous les êtres qui vivent sur la terre, l'homme seul a reçu de la divinité cette prévoyance, et de ce privilége résultent, comme de tant d'autres attributs, sa supériorité, son immortalité. Pourquoi Dieu, qui n'a rien fait en vain, nous aurait-il donné, à nous seuls, de savoir que nous mourrons, si nous devons mourir tout entiers? Ce serait un présent funeste, dont l'idée ne peut se concilier avec celle de la bonté par excellence; et le bœuf, qui paît et rumine tranquillement, puis est frappé d'un coup inattendu, serait en cela plus favorisé que nous. Homme faible! tu te plains de mourir à chaque instant par la prévision et la crainte de la mort. Abjure toute crainte, et garde ta prévision. Par cela seul que tu sais d'avance que tu dois mourir, tu es averti que ta condition est bien au-dessus de celle des animaux, qui ne le savent pas; que ta vie mortelle n'est qu'une faible partie de ton existence, qu'elle est une préparation à une vie meilleure. Que tes actions soient dignes de tes hautes destinées : tu envisageras la mort sans effroi, et quand elle arrivera, tu ne te plaindras pas de la briéveté de ton passage sur la terre.

Qu'a-t-elle donc de si terrible? La nature bienveillante a tout fait pour nous la rendre douce : elle nous berce d'espérances jusqu'au dénouement; dans presque toutes nos maladies qui se terminent par la mort, elle nous ôte, par l'épuisement de nos forces, le sentiment de nos dernières souffrances et de notre fin. Mais nous.

ingénieux à nous tourmenter, nous avons donné à une abstraction négative la forme d'un spectre hideux, nous avons armé d'une faux le monstre imaginaire; nous avons la faiblesse de confondre l'idée de notre délivrance des liens du corps avec celle d'une fosse, d'un appareil lugubre, qui pourtant alors nous seront tout-à-fait étrangers. Puisque nous voulons tout figurer par des images sensibles, même les idées les plus abstraites, ne devrions-nous pas plutôt représenter la mort sous celle d'une mère qui endort ses enfans? Ah! si la mort est effrayante, ce n'est pas pour nous, c'est seulement pour ceux qui nous survivent, qui nous chérissent, à qui nous avons été utiles, auxquels nous pourrions l'être encore.

Hiram, dont la substance corporelle est déjà en décomposition, se relève plein de force. Certes, on n'a pas voulu nous donner cette fiction comme une réalité. C'est donc un symbole, et un noble symbole, répondant bien à la dignité de la nature humaine : c'est celui de l'*Immortalité* (Q.·. 17, p. 163), grande et salutaire pensée, qui nous rappelle que cette vie n'est qu'un voyage qui a son but, un temps d'épreuves, une mission qui nous est momentanément confiée pour que nous méritions par nos œuvres une vie meilleure, qui sera sans trouble et sans fin. Que sont donc quelques accidens, que sont quelques années de plus ou de moins d'une vie si courte, et souvent si agitée, auprès de la durée de notre seconde existence? Il y a dans ce monde des maux pour les individus, des désastres qui en frappent quelquefois un grand nombre (Q.·. 21, p. 166); mais ces maux, ces désastres, proviennent, les uns, de nos fautes et de nos imprudences, les autres des lois de la nature, qui veille surtout à l'ensemble. Ce qui nous paraît des désordres, est une condition nécessaire de la conservation et du rajeunissement de cet ensemble. Malgré l'importance que nous mettons à notre individualité par un heureux instinct de notre conservation, n'oublions pas que cette individualité n'est rien relativement à cette immense unité qui s'appelle l'univers, et dont chacun de nous n'est qu'une partie imperceptible.

Dans les anciens mystères, l'initiation elle-même était un symbole de l'immortalité. Les difficultés, les dangers, les privations, les ténèbres, des lieux remplis d'horreur et d'effroi, étaient l'image de la vie terrestre; la pompe, l'éclat, les chants, la musique, des spectacles enchanteurs, un séjour délicieux, qui succédaient aux épreuves, étaient l'image de la seconde existence. Aussi *mourir* et *être initié* s'exprimaient par des termes semblables. Être initié, c'était mourir allégoriquement à la vie prof.·. pour en commencer une plus raisonnable et plus pure; mourir réellement, c'était entrer dans la vie immortelle.

L'immortalité est acquise aussi à l'univers, au genre humain tant que subsistera le globe qu'il habite. Il y a là mort et naissance. Les générations se succèdent, des continens sont engloutis, d'autres s'élèvent au dessus de eaux. Des soleils pâlissent ou s'éteignent, d'autres brillent dans l'espace. Des planètes sont ou peuvent être brisées, noyées ou brûlées par le choc ou l'approche d'autres corps; le G.·. A.·. les remplace en lançant dans une orbite régulière, pour en faire des mondes habitables, ces astres excentriques, dits comètes, fourmillières de mondes nouveaux, peut-être alimens des soleils. Qui peut dire les moyens qu'a la toute-puissance pour rajeunir la nature? Il ne lui en coûte certainement pas plus de produire des mondes que l'insecte imperceptible. Rien dans ce vaste univers ne garde éternellement sa forme; mais le grand tout se perpétue par l'anéantissement apparent et par la régénération. Les anciens ont exprimé ce fait par plusieurs symboles, et particulièrement par celui du phénix, qui renaît de ses cendres.

Horreur du crime, remords.

Quinze compagnons étaient entrés dans le complot aussi insensé que criminel : douze d'entr'eux y renoncèrent. Heureux celui à qui la seule pensée d'une mauvaise action inspire une juste horreur! L'homme qui ne rejette pas à l'instant cette première pensée, est déjà coupable, et bientôt le crime médité recevra son exécution.

Les trois compagnons assassins s'étaient cachés dans le creux d'un rocher. Un des maîtres qui étaient allés à la recherche d'Hiram, s'étant reposé près de l'ouverture, entendit la douloureuse expression des regrets et du repentir. Les gémissemens de celui qui avait porté le coup mortel, étaient encore plus lamentables. Chacun des coupables souhaitait d'avoir péri par la mort la plus affreuse, plutôt que d'avoir commis un pareil attentat. De-là résulte un double enseignement : c'est que les reproches de la conscience sont les premiers vengeurs du crime (Q.·. 41, p. 173), et que les retraites les plus profondes le dérobent rarement à la vengeance des lois.

Voilà les premières et les plus directes considérations morales que présentent la mort et la résurrection de l'Archit.·. du Temple. Passons à d'autres qui tiennent moins à la pratique qu'à des théories qui ont leur intérêt et leur utilité.

Considérations d'un autre ordre.

Sous le rapport astronomique, Hiram est l'emblème du soleil. Le mot HIRAM marque l'élévation, et de là est venu celui de *pyramide*, en y ajoutant l'article orientale *p.* (Court de Gébelin, *monde primitif*). Hiram-Abi signifie *père élevé ;* Adonhiram présente à peu-près le même sens, Adon, d'où l'on a fait *Adonaï,* signifiant *Seigneur*. Comme la reconnaissance pour l'heureuse influence de l'astre vivifiant est la base générale des cultes anciens et modernes, soit directement, soit indirectement sous des formes symboliques, l'Arch.·. du T.·. est le représentant du soleil, et pour ceux qui remontent jusqu'à son auteur, de Dieu lui-même, de Jéhovah, nom que l'on donnait au Grand-Être, et au soleil, qui en est l'image sensible.

La mort d'Hiram est donc comme celle d'Osiris, d'Iacchus *, d'Adonis, d'Hercule, de Mithra,

---

* Iacchus, fils de Cérès, accompagna sa mère dans ses voyages. Chargé par elle d'instruire le monde, il fut surpris par les Titans, qui le mirent en pièces. Cérès chercha long-temps le corps de son fils, le découvrit, l'enveloppa de branches de myrthe, et le rendit bientôt à la vie. On sait qu'Osiris en Egypte tomba sous les coups de son frère Typhon, qui dispersa ses membres. Isis les retrouva, et les enveloppa dans les branches du lothus. Isis était la femme d'Osiris ; elle figurait la terre, que les poëtes considéraient comme l'épouse du Soleil. C'est en effet cet astre qui la féconde.

Les initiés de Samothrace déploraient la mort du plus jeune des Cabires, assassiné par ses frères. Dans l'Inde, Chiven tranche la tête à Vinaguyen, et le rend plus tard à et de bien d'autres, le symbole de la marche apparente du soleil, qui s'abaissant vers l'hémisphère austral, est dit figurément vaincu et mis à mort par les ténèbres, représentées, par suite de la même allégorie, comme le génie du mal. Mais il revient vers notre hémisphère : alors il est vainqueur, il est censé ressusciter. Aussi, dans les trav.·. de M.·., le représentant d'Hiram se relève glorieux, et ces trav.·., qui avaient commencé d'une manière lugubre, finissent par un appareil d'éclat, et par des acclamations de triomphe et de joie.

Cette explication simple étant admise comme elle l'est généralement, comme elle est dans l'esprit de la Maçonn.·., qui célèbre avec solennité les deux solstices, il suit que la mort et la résurrection d'Hiram figurent aussi les vicissitudes du jour et de la nuit; la mort, qui est une nécessité de la vie, et la vie, qui naît de la mort ; le combat des deux principes, que l'on retrouve partout sous des noms différens, de Typhon contre Osiris, de Junon contre Hercule, des Titans contre Jupiter, des anges rebelles contre Dieu, d'Oromase contre Arimane, des mauvais génies opposés aux bons par les Indiens, les Egyptiens, les Grecs, les Romains, les Péruviens, et par la plupart des peuples plus ou moins avancés en civilisation : grand problème, qui a beaucoup embarrassé la philosophie incertaine et la religion peu éclairée, a soulevé des controverses sans nombre, et a donné naissance à des contes bien noirs et bien effrayans, mais que l'homme de bon sens

---

la vie. Ces emblêmes funèbres se retrouvent jusqu'au fond du nord, dans les mystères Runiques. La fiction d'Hiram en est l'imitation.

résoud avec autant de facilité que de bonheur, en faisant triompher dans sa conduite le bon principe sur le mauvais. Quant à l'existence de ces deux principes, non pas hors de nous, mais dans nous (p. 145), car le seul mal réel, ou du moins le plus grand, est le mal moral, celui qui vient de nous mêmes, il faut en remercier le G.·. A.·., au lieu de l'en accuser. C'est un des caractères par lesquels il a distingué l'homme des autres animaux. Il n'a pas voulu le borner à l'instinct de ceux-ci : il lui a donné la faculté et la liberté d'opter entre le bien et le mal, pour qu'il fût un être moral et intelligent, qu'il cultivât sa raison, qu'il réprimât ses mauvais penchans, qu'il fortifiât ses bonnes inclinations, et qu'il jouît ainsi du plus grand de tous les plaisirs réservés à un être de son espèce, celui d'avoir la conscience de sa propre dignité, l'estime de lui-même et de ses semblables, et l'approbation de son auteur.

D'autres interprétations analogues sont naturellement amenées par ces premières déductions. Les deux phases tranchées de la maîtrise, mort et résurrection, sont le symbole dans lequel roule et roulera toujours ce monde sublunaire, bien et mal, mal et bien, rénovation perpétuelle. A des jours malheureux succèdent des jours prospères : considération qu'on ne doit jamais perdre de vue pour se garantir de cette sombre et déplorable maladie qui conduit au suicide les esprits faibles et les imaginations exaltées. La vie est un vase à deux anses, qui penche, tantôt d'un côté pour verser les biens, tantôt de l'autre pour épancher les maux. Le courage et la constance diminuent ceux-ci au profit de ceux-là, et souvent le malheur lui-même est un bien : il fortifie l'ame qui a su résister au premier choc ; il la réveille de l'indolence dans laquelle une longue prospérité l'avait endormie ; il inspire à celui qui ne se laisse pas abattre, une énergie nouvelle ; il lui fournit, pour revenir au bonheur, des moyens qu'il ne se soupçonnait pas.

Des nations gémissent sous le joug de la tyrannie : vient un moment où la liberté brise leurs fers. La vérité est obscurcie par le mensonge, qui lui creuse un tombeau : elle en sort brillante de gloire. L'ignorance, et tous les maux qui forment son triste cortége, règnent dans une contrée : la lumière de la science dissipe ces ténèbres épaisses. Hélas ! trop souvent, à la suite du bien vient le mal, mais de ce mal renaîtra le bien. Ainsi, des pays éclairés et florissans ont été envahis par la barbarie. *La parole a été perdue*, c.·. à d.·. que l'intelligence (le *logos*, le *verbe* de Platon) y a été étouffée : elle a été retrouvée, ou le sera plus tard.

Le Génie dans les sciences, et dans les arts industriels.

Aux essais informes et grossiers d'une industrie naissante, aux travaux manuels qui satisfont péniblement aux premiers besoins de la vie la plus simple, succèdent les productions du génie, qui perfectionnent les arts mécaniques, fournissent à l'existence des douceurs inconnues, des jouissances nouvelles, procurent à l'esprit des plaisirs délicats, et créent ou étendent la vie intellectuelle. Le Génie ! oui, si l'étoile flamboyante et la lettre G indiquent au Comp.·. celui qui a donné la raison à l'homme pour l'aider à se conduire avec sagesse et mesure, elles rappellent au Maître la bonté de ce même Dieu, qui, pour embellir sa vie, a jeté dans son ame une étincelle de ce feu qu'il a lancé dans l'espace infini pour y allumer des soleils sans nombre. Hiram sortant des ténèbres du tombeau, c'est le génie de la civilisation, qui, de l'homme brut et misérable dans l'état sauvage, fait un être si industrieux, si étonnant, et qui l'associe à la divine intelligence pour en perfectionner l'ouvrage. Dans le 2e gr.·., la Maç.·. rend un juste hommage aux trav.·. mécaniques; mais ces trav.·. ne suffisent pas à une civilisation un peu avancée. Fidèle à son système d'intérêt social, elle place le M.·. dans une sphère plus élevée, en lui faisant admirer dans les productions du génie les bienfaits du Créateur, et la puissance de l'intelligence humaine. Quel vaste et beau sujet pour les Orateurs dans ce gr.·., que le génie et ses merveilles! quels magnifiques contrastes à présenter entre la nature brute et la nature cultivée, entre l'homme des forêts et l'homme de la civilisation! Dans le premier, l'ame est étouffée sous le poids de la vie animale; dans le second, elle a toute l'activité de la vie intellectuelle. C'est bien Hiram passant de la mort à la vie, des ténèbres à la lumière.

Nota. Nous avons esquissé ce sujet dans un discours pour la Maitr.·., TOM. III, p. 121, *Encycl.·. Maç.·.* D'après les nouvelles découvertes, principalement sur l'emploi de la vapeur, il y aurait aujourd'hui des considérations nouvelles à joindre à ces aperçus. Comme il n'y est à peu près question que de l'application du génie aux arts industriels, nous ajoutons ici quelques données sur l'éloquence et la poésie.

Le Génie dans l'éloquence et la poésie.

Si, des chefs-d'œuvre que la main de l'homme a exécutés à l'aide d'une intelligence sagement développée, nous passons aux effets merveilleux de l'éloquence et de la poésie, nous reconnaîtrons à quelle hauteur le génie s'élève quand il est inspiré par de nobles sentimens, par les principes universellement reconnus de la philosophie religieuse, par l'amour du beau, de l'humanité, de la patrie, par une juste admiration des ouvrages de l'éternel géomètre.

Bossuet, dans ses Oraisons funèbres, n'a pas toujours la force de résister à l'usage qui semble malheureusement être la loi de ce genre d'éloquence, celui de flatter les hauts personnages dont il est chargé de célébrer la mémoire. Mais combien il est grand, lorsque voulant retracer les malheurs de la reine d'Angleterre, fille de notre Henri IV, et femme de l'infortuné Charles Ier, sur la tête de laquelle se sont accumulées, suivant son expression, toutes les extrémités des choses humaines, la félicité sans bornes, aussi bien que les misères, il débute par cette sublime leçon aux hommes revêtus d'une grande puissance :

« Celui qui règne dans les cieux, et de qui relèvent tous les empires, à qui seul appartient la gloire, la majesté et l'indépendance, est aussi le seul qui se glorifie de faire la loi aux rois, et de leur donner, quand il lui plaît, de grandes et terribles leçons. Soit qu'il élève les trônes, soit qu'il les abaisse, soit qu'il communique sa puissance aux princes, soit qu'il la retire à lui-même, et ne leur laisse que leur propre faiblesse, il leur apprend leurs devoirs d'une manière souveraine et digne de lui ; car, en leur donnant sa puissance, il leur commande d'en user, comme il le fait lui-même, pour le bien du monde ; et il leur fait voir en la retirant, que toute leur majesté est empruntée, et que, pour être assis sur le trône, ils n'en sont pas moins sous sa main et sous son autorité suprême.... »

Lorsque le même Orateur parle de la bonté dans les grands, son langage, pour être moins austère, n'en est pas moins élevé, et il ajoute à ce mérite celui d'une grâce touchante :

« Loin de nous les héros sans humanité! ils pourront bien forcer les respects et ravir l'admiration, comme font tous les objets extraordinaires; mais ils n'auront pas les cœurs. Lorsque Dieu forma le cœur et les entrailles de l'homme, il y mit premièrement la bonté, comme le propre caractère de la nature divine, et pour être comme la marque de cette main bienfaisante dont nous sortons. La bonté devait donc faire comme le fond de notre cœur, et devait être en même temps le premier attrait que nous aurions en nous-mêmes pour gagner les autres hommes. La grandeur qui vient par-dessus, loin d'affaiblir la bonté, n'est faite que pour l'aider à se communiquer davantage. Les cœurs sont à ce prix; et les grands dont la bonté n'est pas le partage, par une juste punition de leur orgueilleuse insensibilité, demeureront privés du plus grand bien de la vie humaine, c'est-à-dire des douceurs de la société. »

Deux autres prédicateurs (Poule et Bridaine), qui étaient loin, bien loin du génie de Bossuet, l'ont égalé une fois, exaltés qu'ils étaient par une circonstance particulière.

Le premier, prêchant dans une assemblée de charité, à côté et sur les voûtes mêmes des cachots qui renfermaient les prisonniers en faveur desquels il cherchait à émouvoir les cœurs, fait une peinture si vive et si vraie de leurs souffrances, et de la situation dans laquelle étaient alors les accusés, qu'il semble à ses auditeurs avoir percé ces voûtes pour leur faire entendre « les » murmures confus des prisonniers, les plaintes » de la misère délaissée, les gémissemens de l'in» nocence méconnue, le hurlemens du déses» poir, des voix sépulchrales, semblables à la voix » de la pythonisse, s'exhalant en sanglots comme » dessous terre. » Les transportant en imagination au sein d'une clarté funèbre, il leur fait voir, et toucher en quelque sorte, « des tombeaux habi» tés, une nourriture qui sert autant à prolon» ger les tourmens que la vie, un peu de paille » éparse ça et là, quelques haillons, des cheveux » hérissés, des regards farouches, des fantômes » hideux, se débattant dans les chaînes, des » hommes l'effroi des hommes...... » L'illusion est complète parmi les auditeurs : les uns sont attendris, les autres frémissent d'épouvante; tous ouvrent leur bourse; la main des dames qui recueillent les dons de la charité, ne peut supporter le poids des pièces d'or et d'argent qui pleuvent. L'impression qu'a fait éprouver ce séjour de douleurs, se propage hors des murs, et donne à l'orateur, dans la capitale et dans tout le royaume, une réputation extraordinaire.

Le second, missionnaire, ne se faisait ordinairement entendre que dans les campagnes, dont les habitans étaient attirés de loin par sa voix tonnante, et par son imagination féconde en figures bisarres et populaires, qui faisaient sur eux une forte impression. Un jour qu'il devait prêcher à Saint-Sulpice, la plus haute compagnie de la capitale s'y rassembla par curiosité. Loin d'être troublé par un auditoire auquel il était si peu accoutumé, il conserva la dignité de sa position. Dans un exorde improvisé, il fit entendre un langage sévère à des hommes dont la plupart n'étaient venus chercher que le plaisir malin d'entendre l'orateur des villageois :

« A la vue d'un auditoire si nouveau pour moi, il semble, mes frères, que je ne devrais ouvrir la bouche que pour vous demander grâce en faveur d'un pauvre missionnaire, dépourvu de tous les talens que vous exigez quand on vient vous parler de votre salut. J'éprouve cependant aujourd'hui un sentiment différent, et, si je suis humilié, gardez-vous de croire que je m'abaisse aux misérables inquiétudes de la vanité. A Dieu ne plaise qu'un ministre du ciel pense jamais avoir besoin d'excuse auprès de vous! car, qui que vous soyez, vous n'êtes comme moi que des pécheurs. C'est devant votre Dieu et le mien, que je me sens pressé dans ce moment, de frapper ma poitrine. Jusqu'à présent, j'ai publié les justices du Très Haut dans des temples couverts de chaume; j'ai prêché les rigueurs de la pénitence à des infortunés qui manquaient de pain ; j'ai annoncé aux bons habitans des campagnes les vérités les plus effrayantes de ma religion. Qu'ai-je fait, malheureux ? j'ai contristé les pauvres, les meilleurs amis de mon Dieu; j'ai porté l'épouvante et la douleur dans ces ames simples et fidèles, que j'aurais dû consoler. C'est ici, où mes regards ne tombent que sur des grands, sur des riches, sur des oppresseurs de l'humanité souffrante, ou des pécheurs audacieux et endurcis, ah ! c'est ici seulement qu'il fallait faire retentir la parole sainte dans toute la force de son tonnerre, et placer avec moi dans cette chaire, d'un côté, la mort qui nous menace, et de l'autre, mon grand Dieu, qui vient vous juger. Je tiens aujourd'hui votre sentence à la main. Tremblez donc devant moi, hommes superbes et dédaigneux qui m'écoutez..... »

Qu'il est éloquent, cet avocat général, lorsque sa généreuse indignation lui dicte ces belles pages où il flétrit la barbarie et l'absurde iniquité de la *question*, où il prouve que les magistrats qui font intervenir le bourreau dans l'interrogatoire de l'accusé, surpassent en cruauté les anciens qui prenaient plaisir aux combats des gladiateurs, et nos pères qui ordonnaient les épreuves de l'eau et du feu; ces autres pages non moins belles, où il met à nu l'atroce absurdité de ces interrogatoires secrets dans lesquels « l'accusé, enlevé subitement à son cachot, ébloui du jour qu'il revoit, et transporté tout-à-coup au milieu des hommes qui vont traiter de sa mort, garotté, assis sur une sellette, sans défenseurs, tremble lors même qu'il est innocent, lève à peine un œil incertain sur les arbitres de sa vie, dont les sombres regards épouvantent les siens. Il croit lire d'avance son arrêt sur les replis sinistres de leurs fronts; ses sens, déjà troublés, sont frappés par des voix rudes et menaçantes; le peu de raison qui lui reste, achève de se confondre; ses idées s'effacent; sa faible voix pousse à peine une parole hésitante, et, pour comble de maux, ses juges imputent peut-être au trouble du crime un désordre que produit la terreur seule de leur aspect..... »

Admiration et reconnaissance pour le vertueux Servan, dont la voix éloquente n'a pas peu contribué à faire supprimer ces formes odieuses!

Et notre grand historien de la nature, l'immortel Buffon, tout à la fois poète, orateur et philosophe, au style majestueux et simple, aux idées sublimes, pour lesquelles il s'est fait une langue qui lui est propre, comme il démontre la distance immense que la bonté du créateur a mise entre l'homme et la brute, sa supériorité physique et morale sur tous les êtres vivans, sa noble structure et sa merveilleuse organisation! Quel riche et fidèle tableau des qualités du fier et courageux coursier, de la sagacité, de la docilité, de l'attachement et de l'intrépidité du chien, le seul ami qui reste à l'homme dans sa misère, le serviteur dévoué qui meurt pour défendre son maître, et qui expire sur sa tombe quand il lui survit! S'il nous charme par ses descriptions particulières, quel ravissement éprouvons-nous lorsque nous nous élevons avec lui aux généralités de la nature!

Un soldat de l'Empire n'était connu que par sa valeur et ses talens militaires. Des champs de bataille, il passe sous la Restauration, à la tribune législative. A la joie et à la surprise des amis de la liberté, qu'il défend avec autant de mesure que d'énergie, il se montre tout-à-coup grand orateur. Pourquoi sa parole est-elle si puissante? C'est qu'elle est l'expression d'un cœur noble, d'une ame élevée, d'un caractère indépendant, de la conviction profonde d'un homme de bien. Il meurt, et par un élan spontané qui se communique à toutes les classes, celle même des ouvriers, la reconnaissance publique, se manifestant dans une foule de souscriptions privées, réalise une très riche dotation en faveur des enfans du général Foy.

Que ne doit pas encore la civilisation à la poésie, que Voltaire appelle la *musique de l'ame!*

En mille écrits fameux la sagesse tracée
Fut, à l'aide des vers, aux mortels annoncée,
Et partout, des esprits ses préceptes vainqueurs,

Introduits par l'oreille, entrèrent dans les cœurs.
Pour tant d'heureux bienfaits les muses révérées
Furent d'un juste encens dans la Grèce honorées,
Et leur art, attirant le culte des mortels,
A sa gloire en cent lieux vit dresser des autels.

C'est le génie poétique qui, par la voix d'Orphée, ou des anciens sages dont il n'est peut-être que le type idéal, a donné aux mortels ignorans et superstitieux, les premières idées justes sur le père de la nature, le père de tous les peuples, sous quelques noms et sous quelques formes qu'ils l'adorent.

L'univers existe à sa voix,
La nature et le temps agissent par ses lois;
Tout adore et bénit sa suprême puissance.
Invisible et présent on le trouve en tous lieux,
Il remplit la terre et les cieux;
Par lui tout se meut, tout respire;
Sa durée est l'éternité,
Et les bornes de son empire
Sont celles de l'immensité.

Par lui brille en nos prés la riante verdure;
D'abondantes moissons les guérets sont couverts;
L'automne de ses fruits enrichit la nature,
Et l'aquilon fougueux ramène les hivers.
De l'énorme éléphant à la fourmi rampante,
De l'aigle au passereau, du monarque au berger,
Tout vit, tout se maintient par sa faveur présente.
Il change comme il veut la matière impuissante,
Et seul ne peut jamais changer.

Éternel, qui peuplas les airs, la terre et l'onde,
Dont l'univers entier annonce la grandeur,
Toi dont l'astre du jour emprunte sa splendeur,
Toi qui d'un mot créas le monde,
Sagesse, puissance, bonté,
Justice, gloire, vérité,
Principe de tout bien, seul bien digne d'envie,
Puissé-je, après ma mort, dans une heureuse paix,
M'enivrer en ton sein dans ces sources de vie,
Qui ne doivent tarir jamais!

Combien est puissant par son génie notre Pierre Corneille, dont l'expression est si noble et si pure lorsqu'il traite de nobles sujets, Corneille, énergique et fidèle interprète de la fierté d'un peuple libre, et qui en montrant l'homme dans toute sa dignité, le grandit à ses propres yeux!

Et notre divin Molière,

Ce peintre ingénieux de la nature humaine
Qui fit voir en riant la raison sur la scène,

qui abattit l'hydre de l'hypocrisie, vice alors dominant, Molière, qui, obligé d'abaisser son génie devant le mauvais goût de son siècle, descendit jusqu'à Pourceaugnac et à Sganarelle, afin d'attirer à ses chefs-d'œuvre un public accoutumé au grotesque. Combien de travers il a corrigés en se jouant! Avec quel art il a démontré dans le *Misantrope*, que la sagesse et la vertu doivent être douces, indulgentes et aimables, pour que leur empire s'étende, mais que l'honnête homme n'en est pas moins respectable pour avoir des défauts d'humeur et une trop brusque franchise!

Nous pourrions citer bien d'autres poètes qui par la magie de leurs vers, ont fortifié dans les ames l'amour de l'honnête et du beau, ont remplacé de stupides et barbares préjugés par des vérités salutaires, et dont le talent si bien employé a eu la plus heureuse influence sur l'amélioration sociale. Honneur à leur génie bienfaisant!

Symboles particuliers.

(Voir dans le Catéch.·. Q.·. 30, 31, 33, 37 et 38, la pierre cubique, la Pl.·. à tracer, le bijou, les cinq points parfaits, le cordon.)

L'allégorie du T.·. de Salomon continue dans ce gr.·., puisque la fiction qui en est la base, est un épisode de la construction de ce temple.

La Maçonn.·. en ajoutant ce symbole à ceux que dans ses différens gr.·. elle a empruntés aux anciens mystères, à plusieurs systèmes religieux, mythologiques, chevaleresques et philosophiques, semble avoir voulu nous garantir de tout système exclusif, et par conséquent, de toute espèce de fanatisme, augmenter les trésors de notre sagesse, et nous former à la tolérance pratique, par la preuve de fait, qu'il y a partout pour l'intelligence quelque chose de bon à recueillir. L'interprétation donnée au T.·. est simple et rationnelle. Depuis longtemps on dit en langage religieux et moral, que se livrer au vice, c'est souiller le temple de Dieu. Se respecter soi-même, ennoblir son être par la vertu et le savoir, c'est donc éviter cette profanation, c'est élever, c'est consacrer un beau temple à la divinité. Les anciens philosophes connaissaient cette allégorie. « C'est de son cœur, disait l'un d'eux, qu'il faut faire un temple au père des êtres; il n'en a pas sur la terre qui lui soit plus agréable qu'une ame pure. » Quand le vertueux Marc Aurèle disait qu'il portait Dieu dans son cœur, il entendait que la grande pensée de la présence divine le soutenait dans les contrariétés de la vie et dans la pratique du bien. Socrate aussi portait Dieu dans son cœur, puisque le motif principal de sa patience et de sa fidélité à ses devoirs, était de lui obéir et de lui plaire. C'était là sans doute ce qu'il entendait par son bon génie. Tel est le vrai principe religieux, qui ne se borne pas à une simple croyance, mais qui dirige la conduite.

La branche d'Acacia (Q.·. 39), c'est l'arbre de la science. Enée est dirigé vers le rameau d'or, emblème analogue, par les colombes de Vénus, types d'amour, de douceur, et de la beauté qui caractérise les œuvres de la sagesse, comme l'indique une de nos colonnes. Ainsi une belle ame, qui se plaît aux jouissances intellectuelles, cultive la science pour se les procurer ; un bon cœur, qui éprouve une tendre compassion pour les maux de l'humanité, la cultive encore, parce qu'elle est un moyen d'en trouver le remède ou l'adoucissement, de tout perfectionner, les arts. la philosophie, les doctrines et les formes *. Tels furent les motifs qui animèrent tous ceux dont les nations reçurent de sages préceptes, depuis Orphée, Pythagore, Confucius, Platon et Socrate, jusqu'à Fénélon, Penn, Franklin et autres.

Suivant une des plus justes et des plus brillantes allégories des Grecs, les trois Grâces étaient toujours auprès de Vénus. Il n'y a pas en effet de belle production, il n'y a pas de beau caractère sans cet aimable accompagnement. Platon disait souvent à un de ses disciples les plus zélés et les plus fidèles, mais qui avait des formes un peu rudes : *Sacrifiez aux Grâces.* Ce n'est donc pas assez d'être un Maçon probe, délicat, irréprochable, bienfaisant : à la sévérité des principes pour soi-même, il faut ajouter envers les autres la douceur et l'indulgence, la modestie, cette affabilité vraie qui vient d'un cœur affectueux, pénétré du sentiment de la fraternité, et qui n'exclut pas la franchise.

* Le perfectionnement pour beaucoup d'institutions humaines, surtout les institutions religieuses, consiste dans leur simplification. Elles ont commencé par être fort simples. Le demi-savoir, la fausse science et d'autres causes les ont surchargées. Elles se perfectionneront en revenant à leur simplicité primitive.

§ II. *Préparation du Récipiendaire,*

ET DISPOSITION DE LA L.·. POUR LA RÉCEPTION.

Les préliminaires indiqués pour l'App.·. qui désire une augmentation de salaire, doivent être observés à l'égard du Comp.·. qui sollicite son passage dans la Ch.·. du milieu, c.·. à d.·., qu'il doit présenter en L.·. de Comp.·. sa demande appuyée par le premier Surv.·., y être examiné sur le 2e gr.·., et même sur le premier si on le juge convenable, être placé dans la Ch.·. de préparation, où l'on peut lui donner des questions à résoudre par écrit (p. 134, et Q.·. 6, 7, 8, 9 et 10, p. 104 et 105). Les rituels désignent l'appareil de cette Ch.·., et les devoirs du F.·. préparateur.

L'aspirant devant être présenté en L.·. de M.·. comme Comp.·., en porte le costume (Q.·. 5, p. 160). S'il y a plusieurs candidats, un d'entr'eux est choisi pour subir les épreuves de la réception (p. 137). Les autres sont introduits sans bruit, un instant avant le premier, et placés en tête de la Col.·. du 1er Surv.·., ou des deux côtés, suivant leur nombre, de manière à ce que tous soient près du cercueil. Ils peuvent être interrogés comme le Récip.·. principal.

Quant à la L.·. de M.·., dite Ch.·. du milieu, quoique celle-ci n'en soit en réalité qu'une faible partie (Q.·. 12, p. 161), elle est de l'appareil le plus lugubre. Mais pour remplir fidèlement l'objet caractéristique du gr.·., il faut pouvoir passer par une transition subite et à peine sensible, des ténèbres de la mort à l'éclat de la vie. Il faudrait donc deux Ch.·. qui offrissent ces contrastes bien tranchés. En effet, pour ramener une vive lumière dans la même pièce, et pour changer les tentures, il faut du temps : les esprits sont distraits, et l'illusion est détruite. Le passage d'une Ch.·. à une autre offre à peu près les mêmes inconvéniens. Afin de les éviter, la L.·. Isis-Montyon n'a qu'une pièce pour les deux parties de la cérémonie. L'O.·., qui occupe un assez grand espace, est brillamment décoré et illuminé ; il porte encore pour transparent l'ét.·. flamb.·. avec la lettre G, qui reçoit ici une explication particulière (Q.·. 28, p. 170) ; à droite et à gauche sont les deux inscriptions IMMORTALITÉ, GÉNIE. Tout cet espace est voilé par deux rideaux noirs, depuis le haut jusqu'en bas. En avant, au pied des marches de l'O.·., est placé un petit autel pour le premier acte de la réception. Au moment où Hiram est relevé, les rideaux sont rapidement écartés de chaque côté, le petit autel est enlevé avec la même promptitude, et les yeux des assistans, qui étaient dans les ténèbres, sont vivement frappés par l'éclat qui leur succède. Ce premier effet est déjà opéré lorsqu'on rétablit la lum.·. dans les autres parties de la L.·. Cet éclat subit, qui attire et fixe les regards, et dispense de changer la tenture de ces autres parties, un chant de triomphe, une harmonie du même caractère, un discours analogue, ont toujours eu un plein succès, et bien marqué les deux contrastes de la cérémonie. Toutes les fois que la L.·. confère la Maîtr.·. avec cette solennité, un grand nombre de visiteurs embellissent ses Col.·. Il n'est pas rare même que plusieurs LL.·. lui présentent des Comp.·. pour les recevoir en leur nom, et toujours elle les accueille avec l'esprit de désintéressement et de fraternité qui anime ses membres.

§ III. *Réception.*

Nous avons vu que le gr.·., quant à la doctrine philosophique et morale, donne lieu à beaucoup d'applications diverses. Quant aux formes, elles ont un objet unique, qui exclut à peu près toute addition, toute variante, c'est de représenter la mort et la résurrection d'Hiram. Nous ne pouvons donc mieux faire que de renvoyer aux rituels pour l'introduction du récip.·., et pour les autres parties de la cérémonie. Mais cette cérémonie, il faut la conduire avec beaucoup d'ensemble et de soin ; il faut surtout que de bonnes interprétations lui donnent de la vie et de l'intérêt. Nous avons constamment remarqué qu'elle est froide et fatigante, et que les anciens MM.·. se dispensent autant qu'ils le peuvent, d'en être témoins, lorsqu'on la confère uniquement d'après le texte des cahiers, qui ne contiennent et ne peuvent guère contenir que des formules. La longue histoire d'Hiram, présentée comme un fait, et non comme une fiction allégorique, est également loin de satisfaire les récipiend.·. qui raisonnent : nous en avons entendu plus d'un accuser la Maç.·. de faire des contes absurdes et des drames fort ennuyeux. On gâte ainsi un des plus beaux grades. Les formules sont une lettre morte, et souvent rebutante, si l'on n'explique pas à l'instant même, celles qui sont de nature à effaroucher au premier abord.

Tout en invitant à suivre les cahiers de la Maît.·., nous sommes obligé de faire observer qu'ils contiennent deux inconséquences palpables. La première, c'est que le Comp.·. qui se présente, est d'abord arrêté comme suspect de l'assassinat d'Hiram, et qu'ensuite il remplit le personnage d'Hiram lui-même, qui est frappé, meurt et ressuscite. La seconde, plus choquante encore, c'est que ce sont les trois premiers dignitaires, qui, après avoir montré beaucoup d'ardeur à venger le meurtre de l'archit.·., prennent le rôle des trois Comp.·. assassins d'Hiram, le frappent, et lui donnent la mort, sauf à déplorer ensuite le sort de la victime, à chercher son corps, et à lui rendre la vie.

Pour faire disparaître cette double anomalie, il ne faut qu'une légère modification, qu'indique la marche suivante.

Après les premières questions, et l'examen du tablier, le Présid.·. n'insiste que très faiblement sur le soupçon du meurtre à l'égard du Comp.·.; il motive la défiance et le traitement dont celui-ci a été l'objet, sur la circonstance douloureuse où se trouvaient les MM.·., et sur une réponse équivoque qui lui était échappée; il le rassure, et lui adresse quelques questions, notamment dans le sens de la Q.·. 8, p. 161, et sur les cinq premiers deg.·. du T.·., p. 118. Il lui demande de nouveau s'il est innocent du crime qu'on déplore. Sur sa réponse affirmative, il lui représente que ce meurtre n'étant qu'une allégorie, la question ne porte plus sur un attentat matériel, mais sur le meurtre moral de lui-même, dont il se serait rendu coupable, s'il avait altéré la pureté de son ame par des vices, la fausseté, le mensonge, etc., et finit par demander à lui et à chacun de ses corécip.·. s'il y en a, une réponse cathégorique à cette question : un seul d'entre vous va-t-il s'approcher de l'autel avec des sentimens de haine contre quelqu'un de ses semblables, avec des désirs de vengeance, avec des vues répreuvées, soit par la probité, soit par la délicatesse?...

S'ils se déclarent purs de tout mauvais sentiment, il leur fait sentir l'importance d'une pareille déclaration, et de l'engagement sacré qui en est la conséquence.

Ici tous les récép.·. prêtent leur obligation : à celle de la discrétion, ils ajoutent, conformément au vœu exprimé p. 150, la promesse de se mettre en garde contre l'orgueil, l'envie et la cupidité; d'être dévoués à leur devoir jusqu'à être prêts à lui sacrifier tout intérêt, la vie même; d'être modérés et bienfaisans dans la prospérité, autant que fermes dans le malheur; de s'attacher étroitement au faisceau qui unit les frères entr'eux, afin de faire ensemble plus de bien, et de se soutenir mutuellement dans les difficultés de la vie; d'honorer le bon emploi du génie et des talens; en un mot, de se tenir constamment entre l'équerre et le compas, et de prouver par leurs sentimens et par leurs actions, qu'ils savent apprécier la dignité de la nature humaine.

Après les cérém.·. indiquées pour l'attouch.·. et les mots d'App.·. et de Comp.·., le T.·. R.·. annonce au récip.·. figurant qu'il va représenter M.·. Hiram, et le fait conduire en avant du cercueil, et face à l'est; il invite le 1er Exp.·. et le 1er M.·. des cérém.·., à se tenir à côté de lui, l'un à droite, l'autre à gauche.

Il fait, d'après le rituel, mais en l'abrégeant, et en l'entremêlant de quelques réflexions, le récit de la sanglante catastrophe. Lorsqu'il annonce le dernier coup, qui a donné la mort à Hiram, il frappe un fort coup de maillet, auquel la Col.·. d'harm.·. répond par un son lugubre et unique. Aussitôt l'Exp.·. et le M.·. de cérém.·. renversent le récip.·., et l'étendent dans le cercueil qui est derrière lui.

Suite du récit, les trois voyages prescrits, pendant lesquels la Col.·. d'harmon.·. exécute des airs plaintifs.

Lorsque le T.·. R.·. a relevé le récip.·., il dit à haute voix :

« MM.·. FF.·., oublions notre douleur, et livrons-nous à la joie. Nous avons retrouvé notre M.·. Hiram, vainqueur de la mort. Ainsi chaque hémisphère, tour à tour affligé par l'absence de l'astre vivifiant, reprend, lorsqu'il reparaît, sa brillante parure; ainsi, le flambeau du génie dissipe la nuit de l'ignorance, la vérité succède à l'erreur, des jours sereins à des temps nébuleux.

» Écartez ces tentures de deuil, rendez la clarté à ces voûtes sacrées, faites briller les flammes pures, symbole de l'ame active et impérissable. (On met le feu à de l'alcool dans une cassolette.)

» Homme immortel, salut! jamais ma lyre sainte
N'osera t'appeler mortel.
Des cieux, en un jour solennel,
Tel qu'un triomphateur, tu dois franchir l'enceinte,
Rayonner de leur gloire en tes regards empreinte,
Et te mêler à l'éternel.
(Lecture grave ou chant de ces vers.)

» Applaudissons, MM.·. FF.·., par les batteries, et par notre acclamation triomphale.

» Et vous, FF.·. de l'harm.·., exprimez par vos accords notre juste allégresse. »

Il remonte à l'autel, fait renouveler en deux mots l'obligation aux récip.·., les consacre, etc.

Discours spécial sur le gr.·. — lecture du catéch.·. en tout ou en partie, suivant le temps.

Ce mode de réception n'est pas long, et fait bien ressortir les deux caractères opposés du gr.·. Le discours du président ou de l'orateur doit beaucoup ajouter à l'intérêt de la cérémonie.

Les instructions diverses et nombreuses que nous avons indiquées dans le catéch.·. et dans le 1er § de ce chap.·., peuvent fournir le sujet de plusieurs discours, et permettre ainsi de les varier suivant que les réceptions sont plus ou moins rapprochées. Au reste, on a pu remarquer, d'après les déductions que nous avons puisées dans les trois gr.·. symb.·., qu'on y trouve aisément la matière de plus de vingt discours intéressans, sous le rapport de la philosophie morale, de considérations prises dans la nature, et de la Maç.·. positive. C'est une mine féconde, ouverte au zèle et au talent. Les gr.·. supérieurs en offrent une autre qui n'est pas moins riche.

Remarquons encore qu'il n'y a de distinction à établir entre les deux rites, Franç.·., Ecoss.·. et autres, que pour les mots, sign.·. et attouch.·., et quelques formes spéciales, mais non quant au fond de la doctrine, dont l'identité est propre à maintenir entre tous la plus intime fraternité; qu'en conséquence, un rit fait bien de prendre à un autre ce qu'il y trouve de bon sous ce rapport, ce qui doit engager les Maç.·. zélés à les étudier tous autant qu'ils le peuvent; que l'Ecoss.·. et le rit Franç.·. étant fort répandus, il est bon que les LL.·. qui sont en voie de prospérité, cumulent ces deux rites. Mais, dans ce cas, elles doivent les pratiquer également tous les deux. La L.·. Isis-Montyon fait succéder, exactement chaque trimestre, les trav.·. de l'un à ceux de l'autre.

Des motifs d'urgence, et autres, peuvent ne pas toujours permettre de conférer les 2e et 3e gr.·., et des séries ou gr.·. supérieurs, avec le même appareil et les mêmes développemens. Nous regardons comme indispensable que les présidens se fassent pour chaque gr.·. ou série, excepté pour celui d'app.·., où la réception ne se prolonge que par les épreuves morales, qu'on étend ou resserre à volonté, deux sortes de cahiers, l'un complet, pour les grandes promotions, et l'autre pour les cas particuliers où il faut abréger, pourvu que cette abréviation porte principalement sur les cérémonies, et le moins possible sur les instructions spéciales du gr.·. — Nous avons rédigé, à l'usage des trois atel.·. Isis-Montyon, des cahiers de réception pour chaque gr.·. symb.·., et pour chaque série des gr.·. supérieurs. Ils sont dans l'esprit des cahiers officiels, mais plus simples et plus significatifs quant aux formes, plus substantiels et mieux coordonnés quant à la doctrine. La réception a une marche prompte et facile, sans embarras pour les officiers, claire et saisissante pour les récipiendaires.

NOTES.

A, p. 160. HIRAM, ADONHIRAM. — ECOSSISME.

La vieille habitude scolastique de querelles d'autant plus animées, que leur objet était plus obscur ou plus futile, s'est quelquefois introduite chez les maçons pour les diviser. Ceux-ci adoptaient Hiram, ceux-là Hiram-Abi, d'autres Adonhiram ou Adoniram, ou, par abréviation, Adoram : dispute frivole, et toute de mots, puisque ces différentes dénominations désignent également le chef, le maître, et, par une extension allégorique, le soleil, puis l'Eternel Géomètre. Abraham, célèbre dans l'Asie, où il a été appelé Bram. Abram, Ibrahim, et qui est peut-être le Brama des Indiens, signifie aussi *père élevé, père de la multitude.*

Des auteurs maç.·. pensent que Hiram et Adonhiram sont deux personnages distincts, et que ce dernier remplaça le premier dans la direction des travaux. Cette question nous est très indifférente, et chacun peut ne croire ce qu'il voudra. Le livre *des Rois* parle d'un Adonhiram, non comme architecte du temple, mais comme intendant des tributs levés au profit de Salomon, fonction qui semble exclure celle de diriger une grande construction, pour laquelle il faut une expérience et des connaissances spéciales. Le même livre désigne Hiram comme un très habile ouvrier en métaux, qui fut envoyé à Salomon par le roi de Tyr, du même nom, et décrit les nombreux ouvrages en airain qu'il fit dans le temple. Du reste, il ne fait aucune mention de la sanglante catastrophe : elle est empruntée au Talmud, recueil qui offre un mélange de bonnes instructions et de rêveries rabbiniques (p. 160, T.·. 4, Encycl.·. Maç.·.).

Ce drame, formellement reconnu comme une fiction dans les rituels des gr.·. supérieurs, peu digne de la Maç.·. si on le présentait comme historique, et si on ne le relevait par la belle allégorie à laquelle il donne lieu, ne figurait pas dans la Maç.·., telle qu'elle était pratiquée en France en 1775, époque de l'ouvrage déjà cité du F.·. Enoch. En effet, quoiqu'il entre dans les détails les plus minutieux sur les trois gr.·., et sur le quatrième et dernier, celui de l'Architecte, il ne dit pas un mot d'Hiram.

Cependant on trouve pour la maîtrise, l'histoire du meurtre de l'archit.·. du temple, dans un autre ouvrage anonyme, imprimé à Amsterdam, en 1745, et intitulé *le Secret des Maç.·. trahi*. L'auteur, qui, malgré l'apparence hostile de son titre, parle de la Maçonn.·. avec éloge, ne dit pas de quel rit il cite les travaux. D'après les mots d'App.·., de Comp.·. et de M.·. qu'il révèle, bornant la Maç.·. à ces trois gr.·., on peut croire que ce sont les trav.·. du rit suivi en France. Voilà des contradictions et des obscurités que nous ne nous chargeons pas d'expliquer. Ce qu'il y a de moins contestable, c'est que le rit français adopta Hiram postérieurement à la publication du F.·. Enoch, et une partie des formes de l'Ecossisme pour la collation de la maît.·., comme on peut le voir par le *Recueil de la Maçonn.·. Adhoniramite,* imprimé en 1787. L'auteur ne désigne la victime que sous le nom d'Adonhiram. Il se peut qu'avant 1745, lorsqu'il n'y avait pas encore en France un centre d'unité bien établi, quelques LL.·. aient placé la fiction d'Hiram dans le 3e gr.·.

Ramsay, né en Ecosse, et amené en France encore enfant, à la suite de la révolution de 1688, par sa famille attachée aux Stuarts, voulut introduire dans la Maç.·. un système qui fût l'histoire emblématique des croisades et de l'Ordre des Templiers, et créa sur cette donnée un rit auquel il donna le nom de son pays. On croit que ce fut vers 1728. Ses succès, quoique tardifs, encouragèrent la vanité, et il parut des gr.·. *par centaines :* Thory, dans son histoire de la Maçonn.·., intitulée *Acta Latomorum,* en compte près de 800, tant rites que gr.·. Des Mères-Loges, des chapitres métropolitains, se formèrent de tous côtés, et la Maçonn.·. devint une tour de Babel. Il fallut que l'Institution tirât une grande force de ses principes généraux, pour qu'elle résistât à l'ébranlement que lui causa cette superfétation. Elle eut pour effets des dissensions, des schismes, le dégoût et la désertion des Maçons les plus purs, le mépris et le ridicule dans le monde prof.·., la défiance des gouvernemens sur la doctrine de certains gr.·., qui semblaient voiler une politique hostile, et cette défiance redoubla dans quelques pays l'esprit de persécution. Des Maç.·., épris de ces nouveautés, formèrent à Londres, en 1739, une G.·. L.·., rivale de celle qui existait. Celle-ci appela le nouveau rit, *moderne,* et celui qu'elle pratiquait, *ancien et accepté*. Ce fut ce dernier rit, en trois gr.·., tel que des LL.·. de la correspondance de la G.·. L.·. nationale Suisse, le pratiquent encore sous le titre de *Rit anglais des anciens Maç.·. libres et acceptés,* que des Anglais apportèrent en France vers 1725, et qui s'y étant acclimaté, et ayant cessé, par la création d'une G.·. L.·. française, de dépendre de celle d'Angleterre, finit par être appelé *rit français,* puis *rit moderne,* surtout après que le G.·. O.·. y eut amalgamé, en 1786, une partie de l'Ecossisme, par l'adjonction aux LL.·., de chap.·. en quatre ordres. L'Ecossisme qui avait alors 25 gr.·., affecta d'appeler le rit franç.·. avec ses sept deg.·., *rit moderne,* et de se glorifier plus que jamais du titre de *rit ancien et accepté.* Le rit français devenait en effet moderne d'après sa nouvelle organisation; mais on voit que dans l'origine, c'était lui qui était l'ancien, et que celui qui était avec raison appelé moderne en Angleterre, était l'Ecossisme. Il paraît n'avoir eu d'abord que 18 deg.·. Par suite de réunions de plusieurs corps constituans, et de concessions réciproques sur une multitude effrayante de gr.·., il fut porté à 25, puis enfin à 33, ce qui est beaucoup trop si on ne les utilise pas, comme nous essaierons de le faire dans nos cahiers suivans, mais peut encore être considéré comme une conciliation heureuse, relativement au déplorable chaos qui déshonorait la Maç.·. Voilà ce qui nous a paru le plus certain après beaucoup de recherches, autant qu'on peut s'en rapporter à des documents dont le vague a pour cause la défense d'écrire en Maç.·.

Voici maintenant de nouvelles obscurités et de nouvelles contradictions.

L'Ecossisme en 25 deg.·., soit du rit d'Hérédom ou Hérodom, qu'on dit être une montagne d'Ecosse, soit du rit de Kilwinning, village du même pays, où était une association d'ouvriers en bâtimens, la plus célèbre de celles du même genre, soit du rit d'Hérédom de Kilwinning (car on trouve souvent ces deux noms réunis), cet Ecossisme à peu près le même sous ses dénominations diverses, existait bien certainement en 1761, et ses statuts ont été rédigés à Bordeaux en 1762. Quant à l'Ecossisme en 33 deg.·., on croit généralement qu'il a été importé en 1804, d'Amérique sur notre continent, par le F.·. de G.·.-T.·. et autres colons réfugiés, qui, pour lui donner plus de crédit, l'ont présenté, par la plus effrontée de toutes les impostures, comme ayant été organisé et réglementé le 1er mai 1786, par le Grand Frédéric II, roi de Prusse, qui avait bien autre chose à faire s'il avait alors joui de ses facultés, qui a protégé la Maç.·. comme société morale et de bienfaisance, mais qui n'en a jamais été chef ni Grand

Maitre, et qui mourut en août suivant après onze mois d'une maladie dont la gravité fut sans interruption et sans relâche. Eh bien! nous avons vu, nous avons tenu plusieurs jours entre les mains, et copié très-exactement (p. 390, T.·. III, et 160, T.·. IV de l'Encycl.·. Maç.·.) une patente de 33e, délivrée en 1797 au F.·. Villards, Maç.·. plein de zèle et de bonne foi, et qui a été Offi.·. du G.·. O.·. de Fr.·., par un consistoire de Genève, avec mention dans le libellé, de ses lettres constitutives, émanées de la G.·. L.·. métropolitaine et universelle d'Edimbourg en Ecosse, sous la date du 10e j.·. du 1er m.·. 5729. La date en avait été altérée par le temps, pour le jour et le mois; mais l'année 1797 y était inscrite très nettement, ainsi que nous le faisons remarquer à la seconde citation du T.·. IV. Le F.·. De G.·. et ses compagnons, ruinés dans les colonies, et qui voulaient se faire une ressource de leur prétendue importation, pouvaient donc appeler leur écossisme, *ancien et accepté*, puisque, s'il faut en croire le titre ci-dessus, il existait en Ecosse, au moins depuis 1729; mais ils manquaient à la bonne foi en le donnant comme une invention du roi de Prusse, qui aurait été directement et exclusivement portée en Amérique, ce qui eût été absurde (car ce prince aurait commencé par l'établir dans ses états), et qu'ils ramenaient comme une nouveauté sur notre continent. Au surplus, cet écossisme en 33 degrés n'était qu'un maladroit remaniement des deux rites en 25. En raisonnant toujours dans la supposition de l'authenticité des lettres constitutives d'Edimbourg, on peut croire que des LL.·., choquées avec raison de ce nombre exorbitant de 33 deg.·., et voulant se faire *puissances maçonniques*, ont resserré les 33 en 25. Puis après plus de 70 ans, des spéculateurs éhontés ont *délayé* à leur tour les 25 en 33; ils ont vendu comme neuve, comme de fabrique royale, et revendu *à divers*, en prenant l'argent de toutes mains, cette marchandise falsifiée! Quelques siècles plus tôt, ils auraient dit qu'un ange la leur avait apportée du ciel.

Nous sommes entré dans ces détails, afin que nos lecteurs aient quelques notions historiques sur l'Ecossisme, et qu'ils sachent qu'on s'est permis des fraudes dans la Maç.·. comme dans plus d'une institution religieuse, que faute de documens précis, on est réduit à des conjectures sur beaucoup de faits, que par conséquent il ne faut pas y attacher une grande importance. Ce sont les doctrines qui méritent l'attention la plus sérieuse, et non des points d'érudition. Une bonne action vaut mieux en Maç∴ que cette vaine science, comme elle est en religion, bien au-dessus de toutes les subtilités théologiques.

B, p. 183. Unité, Universalité de la Religion.

« Adorez Dieu, aimez votre prochain, aidez-vous les » uns les autres, remplissez consciencieusement, dans la » vue de plaire à Dieu, d'avoir votre estime et celle des » autres, et de vous assurer un véritable bonheur, tous » vos devoirs d'hommes, de citoyens, de fils, d'époux, de » pères, de frères. « Voilà ce qu'ont dit depuis des milliers d'années, tous les fondateurs d'institutions religieuses, et ce qu'ont répété leurs disciples, ceux de Confucius en Chine, de Brama dans l'Inde, de Zoroastre en Perse, du Grand Lama au Thibet, d'Hermès ou Thaut en Egypte, de Moyse dans la Judée, de Manco-Capac au Pérou, de Mahomet dans l'Arabie, d'Orphée en Grèce, de Numa dans l'ancienne Rome, ceux du Christ, catholique dans Rome moderne, luthériens dans le nord de l'Europe, calvinistes à Genève, quakers à Philadelphie, et les autres sectaires qui forment les branches nombreuses du christianisme.

Cette unanimité de la doctrine morale, qui est le lien commun de toutes les sectes, malgré les divisions que le dogme établit entr'elles, prouve qu'elle est émanée du père de toutes les nations, aussi bien que l'instinct de conservation qu'il a mis dans toutes les classes d'animaux. Tous les hommes en effet la trouvent dans leur cœur, et savent qu'ils font mal lorsqu'ils en violent les saints préceptes. Or c'est évidemment la pratique de ces préceptes, appuyée de la sanction religieuse, qui est la religion. Les erreurs des sectes et les passions individuelles peuvent altérer la pureté de la morale dans certains esprits, qui s'en font une fausse; mais la vraie morale est une. Il n'y a donc aussi qu'une seule religion, qui est comme la morale, divine, éternelle, universelle. On ne dit pas *des morales :* c'est en langage exact, un égal contresens de dire *des religions.* Les cultes divers ne sont pas la religion; ils sont des formes, plus ou moins bonnes, plus ou moins défectueuses, pour la pratique extérieure. La religion, et la morale, qu'elle appuie, sont immuables, parce qu'elles viennent de Dieu; les cultes sont variables, parce qu'ils ont été institués par des hommes, sujets à erreur, ayant des vues de domination, d'intérêt personnel, ou qui avaient à contenir par le frein de dogmes et de lois de circonstance, des peuples grossiers, dont ils désespéraient de réprimer efficacement les passions brutales, s'ils ne leur présentaient que la vérité, pure de toute fiction, comme on fait des contes aux enfans pour les rendre sages.

TABLE DU TROISIÈME CAHIER.

(Afin que la table analytique soit complète, nous la réservons pour le dernier cahier de ce cours.)

Nota. Le prix de ces cahiers a été établi à raison de 72 p. bien pleines et très minutées, pour chacun. Le 2e en a 84, le 3e, 60 : il y a compensation.

TROYES, IMP. ET LITH. BOUQUOT.

INSTRUCTION

SUR LES

GRADES CAPITULAIRES,

Comprenant quatre **Séries** *dans l'Ecossisme, et quatre* **Ordres** *dans le Rit Français.*

CHAPITRE IX.

CATÉCHISME

Des quatre séries Ecossaises.

Nota. Il n'y a plus dans les gr∴ supérieurs autant de formules à répéter littéralement. En outre, les maç∴ revêtus de ces gr∴, ont acquis par la réflexion et par l'habitude, plus de facilité à saisir et à retenir les instructions qu'ils ont reçues dans les trav∴, et dont les chap∴ suivans offrent le programme. On n'a donc plus autant besoin de catéch∴, ou du moins, si l'on en donne encore, ils doivent être courts, et ne présenter que le sommaire de la doctrine, sauf à la développer plus loin. Ainsi, autant parce que ce serait inutile, que pour nous tenir dans les limites de toute la discrétion possible, nous ne répétons pas les questions et réponses mystiques qui sont dans les catéch∴ ou instructions des rituels. Les présidens prendront dans ceux-ci ce qu'ils jugeront à propos. (Note en tête du 3e cahier.)

Nous ne traitons ici que les quatre séries écossaises; mais nous exposons dans le chap∴ X, comment nos aperçus peuvent s'appliquer au rit français.

1. Demande : Combien y a-t-il de gr∴ en chapitre ?

Réponse : Quinze, depuis le 4e jusque et compris le 18e; mais ce grand nombre se réduit par le fait à quatre, au moyen des classes ou séries dans lesquelles on a groupé plusieurs degrés, de manière que ceux qui précèdent le dernier d'une série, ne sont considérés que comme les accessoires préliminaires de ce dernier. Chaque série prend le nom du gr.·. qui la termine.

2. D. De quels gr.·. chacune de ces séries est-elle composée ?

R. La première, *Intendant des Bâtimens*, comprend les gr.·. 4, 5, 6, 7 et 8. On dit de cette série, qu'elle a cinq *chambres*, dont les quatre premières servent de préparation à la réception dans la cinquième, c'est-à-dire, au dernier de ses grades. Il en est de même des autres séries, suivant le plus ou le moins de deg.·. qu'elle contient. La 2e, *Les Elus*, est composée des gr.·. 9, 10 et 11 ; la 3e, *G.·. Elu Ecossais*, des gr.·. 12, 13 et 14 ; la 4e, *le R.·. C.·.*, des gr.·. 15, 16, 17 et 18.

3. D. Quel est l'objet général de ces quatre séries ?

R. Les gr.·. des trois premières sont la suite de la maîtrise, les uns ayant un rapport direct à l'art de l'architecture, et les autres à la punition des meurtriers d'Hiram. Mais ceux de la 4e ont un caractère tout-à-fait distinct, et d'une très haute importance. Ils appellent nos méditations sur l'ancienne chevalerie, et sur le culte religieux.

4. D. Outre cette considération sur l'ensemble des gr.·. capitul.·., chacun d'eux n'a-t-il pas un but spécial ?

R. Oui, et nous allons l'indiquer sommairement.

Dans la première série, le 4e gr.·., *Maître Secret*, nous recommande la discrétion; le 5e, *Maître Parfait*, symbolise les malheurs de l'ignorance, et nous invite à perfectionner en nous la vertu et la science, indispensables au maçon; le 6e, *Secrétaire Intime*, signale les dangers d'une curiosité indiscrète et orgueilleuse, qui se porte sur des choses inutiles à notre perfectionnement, et dont il ne nous est pas donné de pénétrer les mystères; le 7e, *Prevôt et Juge*, est consacré à la justice, à l'équitable balance dans laquelle nous devons peser nos actions et celles des autres; le 8e, *Intendant des Bâtimens*, l'est à l'exactitude, à l'esprit d'ordre, à la fidélité, au zèle pour s'instruire, afin de pouvoir éclairer les maç.·. moins avancés, et répandre partout une lumière bienfaisante.

Les gr.·. 9, 10 et 11, formant la seconde série, sous les noms de *Maître-Elu des Neuf*, *Grand Elu des Quinze* et *sublime Chev.·. Elu*, nous rappellent qu'il est un ordre providentiel dans le monde moral comme dans le monde physique. Le coupable en effet est toujours puni, soit par la crainte et le remords, soit par les malheurs que lui attire sa perversité, que l'impunité de ses premiers méfaits encourage et augmente, soit par la justice humaine, qui le découvre sur le moindre indice, et dans quelque lieu qu'il se cache. (On met ici en avant pour la première fois le titre de *Chevalier*, et on le répète dans le 13e deg.·., mais comme une simple dénomination à laquelle ces gr.·. ne s'arrêtent pas, et qui paraît n'avoir d'autre but que de servir de transition à la 4e série, toute chevaleresque par ses formes et ses actes, et en même temps religieuse, surtout dans le dernier gr.·.)

Dans la 3e série, composée des gr.·. 12, 13 et 14, le 12e, *G.·. Maître Architecte*, est consacré aux progrès que doit faire celui qui est revêtu d'un pareil titre, dans les connaissances et les qualités qui distinguent le vrai maçon, obligation souvent rappelée, et qui ne peut trop l'être; le 13e, *Chev.·. Royal-Arche,* au courage et à la constance dans la recherche de la vérité; le 14e, *G.·. Elu-Ecossais,* à la reconnaissance pour le roi d'Ecosse, protecteur de la maçonn.·., pour tous les révélateurs et propagateurs des principes de l'Institution, qui, en choisissant habilement ses matériaux dans tous les systèmes religieux et philosophiques, a formé le corps de doctrine le plus sage, à l'union étroite des maç.·. entr'eux, à la pureté morale, au sacrifice généreux et sincère de tout ressentiment.

Dans la 4e série, comprenant les gr.·. 15, 16, 17 et 18, le 15e, *Chev.·. d'Orient,* est consacré à l'héroïsme, qui délivre des concitoyens de la misère et de la captivité, qui travaille et combat pour le bonheur de la patrie; le 16e, *Prince de Jérusalem,* à la récompense des héros libérateurs, à la modestie au milieu des triomphes, à l'esprit d'égalité au milieu des grandeurs; le 17e, *Chev.·. d'Or.·. et d'Occid.·.,* à la sainte alliance des sages de tous les pays, pour propager les saines doctrines par les seules armes de la persuasion; le 18e, *Chev.·. R.·. C.·.,* à la pureté du culte religieux.

Ces simples indications peuvent suffire dans une réception très abrégée; peut-être aussi seraient-elles bonnes à présenter comme récapitulation, à la suite d'une instruction détaillée. Nous y ajoutons dans le chap.·. X, d'après des formules de rituels, des bijoux, emblêmes, etc., quelques développemens, extraits en partie du *Mémoire sur l'Ecossisme,* où ils sont plus étendus.

APPENDICE DU CATÉCHISME.

Décors, tant pour les atel.·. que pour les maç.·.; bijoux, mots, sign.·., attouch.·., etc.

De ces différens objets, les uns doivent être bien connus;

pour d'autres, qui ont plus ou moins d'importance, et qui sont négligés dans la pratique, il suffit d'en avoir une idée. Le titre d'un gr.·., un décor, un signe, un attouchement, un bijou, etc., donnent quelquefois lieu à des explications instructives. Pour ne pas multiplier des questions et des réponses dont beaucoup seraient oiseuses, nous nous bornerons à une simple mention, telle qu'on peut la faire dans les travaux. Quant aux parties sur lesquelles on croira utile d'interroger, il sera facile de les formuler en demandes et réponses.

Les fabricateurs de gr.·., les décorateurs, brodeurs, etc., ont imaginé des décors différens pour tous les gr.·. (*Mémoire sur l'Ecossisme,* pompe stérile de ce rit.) On s'est heureusement délivré de cet attirail plutôt nuisible qu'utile, embarrassant et très dispendieux. Dans les chap.·., on ne porte plus guère que le cordon de R.·. C.·., et dans les Conseils, que celui de 30e. On a également simplifié le décor des atel.·. Il n'est pas sans intérêt de connaître au moins celui du dernier gr.·. de chaque série, lequel sert pour la série entière, puisque les gr.·. qui le précédent, n'en sont considérés que comme les préliminaires.

Quant aux mots, s.·. et attouch.·., dont nous ne donnons aussi que ceux du gr.·. qui termine une série, parce qu'on ouvre à ce dernier les trav.·. de la série entière, il est tel degré où ils sont doublés, triplés, quadruplés. Il y a de quoi désespérer la mémoire la plus fidèle. L'effet de cette complication est que la plupart des maç.·. n'en savent presque aucun. Beaucoup de chap.·. s'en tiennent à un seul de chaque espèce, excepté lorsque le même gr.·. en offre plusieurs qui ont un bon motif.

Les rituels n'indiquent pas pour certains gr.·., soit l'âge, soit la marche, soit ni l'un ni l'autre. Dans ce cas, nous nous taisons. Dans tel deg.·. on a un grand âge, et dans d'autres plus élevés on est plus jeune. On trouve bien d'autres contradictions, qu'on peut faire disparaître dans la pratique par le silence, en attendant qu'elles soient corrigées par qui de droit.

Première Série. Décor de *l'Intend.·. des Bât.·.*, cordon rouge, tablier blanc, doublé en rouge, et bordé en vert. Un triangle pour bijou. — Déc.·. du Temple, tenture rouge, 27 lum.·. par trois fois neuf. — Trois signes, chacun des deux premiers avec un mot, et le 3e avec deux : 1° signe de surprise, 2° d'admiration, 3° de douleur. Ce dernier est le s.·. d'ordre. — Attouch.·. pris de ce signe, avec deux mots, dont le premier est un des noms de Dieu. — Batterie... — Marche...

Seconde Série. Décor du *subl.·. Chev.·. Elu*, cordon noir, sur lequel sont brodés trois cœurs enflammés. Tablier blanc, doublé et bordé de noir; une petite poche au milieu, sur laquelle est une croix rouge. Bijou, une petite épée en or, à lame d'argent, au lieu du poignard, qui n'est ni maçonn.·. ni français. — Le Conseil des Elus (titre de la L.·. dans ce gr.·.) est tendu de noir, parsemé de cœurs enflammés, et éclairé par 24 lum.·. — Signes très antimaç.·. dans certains rituels; dans d'autres, un meilleur : se croiser.... — Dans l'attouch.·. on prononce alternativement trois mots, qui signifient *alliance, vœu, intègre*. Un 2e attouch.·. proposé est assez inutile, puisqu'il n'est guère que la répétition de celui d'un des gr.·. symb.·. — Mot sacré, signifiant *vengeance*, dans quelques rituels; dans d'autres, ce qui est préférable, un des noms de Dieu les plus révérés. — Mot de passe signifiant *eau courante*, ou un autre qui a le sens de *véridique*. — Batterie...

Troisième Série. Décor du *G.·. Ecossais*, cordon rouge en sautoir, ou de l'épaule droite à la hanche gauche. Tablier blanc, doublé et bordé de cramoisi, un petit ruban bleu accompagnant le bord. Au centre, une pierre carrée, plate, au milieu de laquelle est un anneau de fer. (C'est la pierre qui couvre le dépôt de la parole sacrée, ou Delta mystérieux, que cherche le récipiend.·.) — Bijou, un compas couronné, dont les pointes ouvertes sont posées sur un quart de cercle de

90 deg.·., et un soleil au milieu. Les GG.·. écossais portent en outre un anneau en alliance, avec ces mots gravés en dedans : *la vertu unit ceux que la mort ne peut séparer.* — La L.·., qui s'appelle *collége*, représente une voûte souterraine de couleur rouge, avec un grand nombre de colonnes couleur de feu. 24 lum.·., dont 7 à l'est, 9 au sud, 5 devant le 1er surv.·., 3 devant le 2e. — Triple attouch.·. ; dans le premier, on répète alternativement les trois mots du 11e gr.·. — Triple signe, triple mot de passe, triple mot couvert, grand mot sacré, qui est le nom ineffable de Dieu, ce qui fait dix mots pour un seul gr.·. : c'est le cas de simplifier.—Batterie...—Marche... — Age...

Quatrième Série. Décor du *Chev.·. R.·. C.·.*, cordon en sautoir, rouge d'un côté, noir de l'autre. Une croix avec la rose au milieu. On a imaginé pour le second appartement une chasuble, aujourd'hui vrai jeu de chapelle, qui excite le rire plutôt que le recueillement, costume sans grâce sur l'habit civil, et qui peut contrarier beaucoup d'opinions. Tablier de soie blanche, doublé de noir et bordé de rouge ; un pélican ou un phénix au milieu. Bijou, compas d'or. Comme on néglige assez généralement le tablier, un grand nombre de R.·. C.·. portent pour bijou un pélican. — Deux appartemens. (On a laissé avec raison tomber en désuétude le 3e, qui suppose une croyance superstitieuse, contraire à la justice et à la bonté divine.) Le premier, sombre et lugubre, représente avec des col.·. et des outils brisés, une croix élevée sur le haut d'une montagne. Trois petites col.·. noires pour les voyages, avec transparens, dont chacun porte une inscription. Le second appart.·., éclatant de 33 lum.·., et avec tenture rouge, offre le tableau de la résurrection. — Trois signes à bien savoir : 1° de reconnaissance ; 2° du bon pasteur, qui est le s.·. d'ordre ; 3° de secours. — Mot sacré... — De passe... — Age... — Batterie...

Nota. Dans le *Chev.·. d'Or.·.*, qui a été le plus haut gr.·., et auquel les réglemens attribuaient de grands priviléges, tandis qu'aujourd'hui il n'est dans l'Ecossisme qu'un des préliminaires du R.·. C.·., on fait les questions suivantes : D. Etes-vous chevalier? R. J'en ai reçu le caractére. — D. Faites-vous mieux connaître. R. Commencez, et je finirai. (Le tuileur et l'interrogé prononcent alternativement le nom des deux tribus qui ont le plus contribué à la réédification du T.·.) — D. Comment travaillez-vous? R. Le glaive.... — D. Quel âge avez-vous? — On le fera dire si l'on veut ; mais nous pensons qu'il faut le changer, ou omettre la question, car il est beaucoup plus avancé que celui du R.·. C.·., qui vient après. Ces questions conviennent au Chev.·. d'Or.·. du rit franç.·., qui seul constitue le 3e ordre. Elles seraient bonnes à faire dans l'Ecossisme avant celles qu'on adresse dans le R.·. C.·., qui termine la série vraiment chevaleresque.

CHAPITRE X.

DÉVELOPPEMENS DU CATÉCHISME.

Section I. OBSERVATIONS GÉNÉRALES SUR LES GR.·. EN CHAPITRE, ET SUR LA MANIÈRE DE LES CONFÉRER AUX DEUX RITES.

Le Rit français ajoutait à ses trois premiers gr.·., un seul supérieur, celui d'*Architecte*. C'était une conséquence rationnelle de l'allégorie architecturale, sur laquelle était fondé tout le système de l'initiation moderne. Dans les édifices de quelque importance, les app.·., les comp.·., les maît.·. eux-mêmes, ne travaillent que d'après les plans et sous la direction d'un architecte. Ce 4ᵉ gr.·. était appelé le plus grand et le plus subl.·. de la fr.·.-maç.·. Son signe caractéristique était la lettre P, initiale du mot *perfection*. Le manœuvre contractait l'obligation d'être *charitable;* l'ouvrier, *fidèle et obéissant au prince*, c'est-à-dire à l'état, dont le chef est le premier représentant; le M.·., *soumis à l'être suprême*. Il était prescrit à l'arch.·. de ne pas se borner à l'accomplissement rigoureux de ces préceptes : il devait porter l'amour de ses semblables et de son pays, jusqu'à ce dévouement sublime qui rend faciles tous les sacrifices, celui même de la vie; remplir fidèlement toutes les obligations que la religion impose sous le rapport de la morale, et par *religion*, il entendait le sentiment qui reconnaît la loi divine dans la voix de la conscience; se résigner à la volonté du G.·. A.·., non par crainte et par nécessité, mais par amour (l'amour toujours et partout : c'est le principe de toute perfection); se rapprocher enfin de cette perfection autant que le comporte la faiblesse humaine. Interrogé sur le gr.·. dont il était revêtu, il répondait : j'ai l'honneur de connaître la lettre P.

Dix était le nombre favori du gr.·., comme se multipliant facilement à l'infini, et marquant les vertus de tout genre auxquelles les archit.·. devaient s'exercer sans en exclure aucune. Le récipiend.·. montait dix degrés triangulaires équilatéraux, formant une pyramide haute de dix pieds, chaque deg.·. en ayant un. Parvenu au sommet, il y prêtait son obligation. La batterie était de dix coups, par trois, deux, un et quatre (C, suite des notes A et B du 3ᵉ cahier).

Tel était tout le système maç.·. Il n'y avait là ni Judaïsme, ni vengeance templière, ni rappel haineux de quelque autre victime religieuse ou politique, en un mot, aucun esprit de secte. Une pareille maç.·. avait le mérite qui lui est indispensable, celui de pouvoir être universelle (p. 179 et 180). Ses prescriptions étaient bonnes, simples, et telles qu'aucun sectaire, aucun habitant du globe, ne pouvaient les renier.

D'un autre côté, cette simplicité naïve ne répondait plus aux progrès des idées et des lum.·., et à l'esprit philosophique qui s'introduisait dans presque toutes les classes. Il fallait un supplément de gr.·. qui présentassent des alimens à l'activité de l'intelligence. Le moment était favorable pour couronner l'édifice, ou plutôt pour en élever un nouveau sur les bons fondemens qu'on avait. Que ne s'est-il rencontré pour l'entreprendre, un homme qui réunissant la sagesse au génie, en eût la pensée et le loisir !

L'Ecossisme s'était glissé en France. Beaucoup de LL.·. furent séduites par sa pompe, qui a plus d'éclat que d'utilité, par ses titres fastueux, par ses brillans cordons. Nous ne répéterons pas ici les reproches qu'on est en droit de lui adresser : nous les avons exposés dans le mémoire déjà cité (D). Notre tâche dans ce Cours est, comme celle des présidens dans leurs fonctions, de chercher à faire valoir ces gr.·. nombreux, par la manière de les conférer, et non de nous livrer à des critiques sévères. Le G.·. O.·., obligé de composer avec l'engouement général, introduisit dans le rit français, vers 1786, les gr.·. des chap.·. écossais. Mais effrayé de leur grand nombre, il les réduisit à quatre, qu'il désigna sous le nom d'*Ordres : Elu secret, G.·. Elu Ecossais, Chev.·. d'Or.·., R.·. C.·.* (C'était trop ou trop peu : il valait mieux adopter franchement les quinze gr.·. capit.·. avec leur distribution en quatre séries, qui, en ce point, n'établit entre les deux rites, qu'une très légère différence.) Cette dénomination d'ordres, substituée à celle de gr.·., semble avoir eu pour but de dissimuler la mutilation. N'était-ce pas aussi autoriser les chap.·. à croire qu'ils pouvaient pratiquer les gr.·. supprimés, pourvu qu'ils eussent soin de les rattacher respectivement à chacun des quatre ordres, et de ne les mentionner que comme préparatoires des gr.·. principaux? On adoptait donc et l'on rejetait tout à la fois l'Ecossisme. Quoiqu'il en soit, cette organisation des chap.·. franç.·. fit disparaître le gr.·. d'Architecte.

Il disparut à plus forte raison devant l'Ecossisme, qui donna pour ainsi dire la monnaie de ce gr.·. par ses onze premiers, du 4e au 14e, faisant suite à la maîtrise quant à la doctrine. comme nous l'avons dit Q.·. 3 du catéch.·., mais une suite assez mal conçue. La plupart, en effet, n'ont qu'une très faible importance, quelques-uns même sont essentiellement mauvais, et l'on ne peut en tirer des déductions raisonnables qu'en s'emparant d'un emblème, d'un bijou, d'un signe, attouchement ou mot, de leur dénomination, ou de toute autre circonstance accessoire. Des auteurs ne pouvant expliquer un gr.·., se mettent à leur aise en conseillant de le supprimer. Mais la série serait interrompue et tronquée. ce qui ne peut se faire à moins d'une refonte totale, qui n'est pas sans danger (p. 131 et 132). Il y a plus d'adresse et de mérite à traiter chacun de ces gr.·., quel que soit son nom, quelles que soient ses formes, qu'on a la liberté de modifier. comme un cadre dans lequel on a un beau tableau à placer. On perfectionne ainsi la maç.·., et l'on ne risque pas de la bouleverser. Un de ces tableaux, par exemple, pourrait être celui de l'*histoire des Initiat.·. anc.·. et modernes.* Il y a là matière à des considérations et à des récits variés, assez nombreux pour fournir, comme objet général des trois premières séries, des instructions intéressantes dans chacune. La nécessité de cette étude ne ressort pas du caractère de ces séries aussi explicitement que celle d'avoir des notions sur la chevalerie et sur le culte, ressort de la quatrième. Mais puisque les trois premières ne présentent pas dans leur ensemble un but positif, et qu'elles obligent à la répétition de moralités qui se trouvent plus ou moins textuellement dans les gr.·. symb.·., il nous semble rationnel de leur affecter celui que nous proposons. Le maître qui a bien compris la haute portée de la philosophie morale, religieuse, naturelle et sociale, professée dans les trois degrés qu'il a reçus (p. 237), ne doit-il pas être empressé de connaître la véritable origine, la marche et les ramifications de la belle institution à laquelle il appartient, les faits, bien constatés, qui la concernent, afin de ne pas les confondre avec les contes et les rêveries mystiques, les faits surtout qui révèlent sa doctrine à des époques et dans des contrées si diverses ?

On devrait à la rigueur conférer séparément et avec les développemens convenables, chacun des quatre ordres franc.·., ou chacune des quatre séries écossaises, ce qui prendrait quatre séances, ou au moins deux, en conférant dans une seule deux ordres ou séries, et nous conseillons cette marche aux chap.·. qui n'en sont pas empêchés par de graves considérations. Mais le besoin de ne pas trop multiplier les séances ; l'empressement que manifestent les récipiend.·. pour parvenir au R.·. C.·., qui est le seul objet de leurs désirs, et qui leur paraît le principal, presque l'unique gr.·. des chap.·. ; le faible intérêt que présentent les premiers ordres ou les premières séries, qui n'exigent que quelques mots d'instruction, n'étant en général qu'une pâle et informe répétition de la Maîtrise, et dont la première et la troisième devraient être réunies si elles n'étaient coupées par la malencontreuse série des Elus ; toutes ces causes réunies déterminent beaucoup de chap.·. à conférer tous les gr.·. capit.·. en une seule séance. Ils y semblent même autorisés par les Statuts Généraux, qui parmi ces gr.·., n'en distinguent que deux comme ne pouvant être simplement communiqués, savoir, le G.·. Elu Ecossais et le R.·. C.·. * C'est dire assez clairement que les autres n'ont qu'une importance secondaire. Ces chap.·. passent en conséquence rapidement sur les deux premières séries, confèrent, en abrégeant les cérém.·., qui ont grand besoin d'être simplifiées, le G.·. Elu Ecossais, qui termine la 3e, et mettent dans la collation du R.·. C.·. la solennité requise, après avoir bien expliqué les trois beaux gr.·. qui le précèdent. Les chap.·. du rit franç.·. suivent une marche analogue, c'est-à-dire qu'ils expliquent chacun des quatre ordres avec plus ou moins de développemens, suivant leur importance. En négligeant l'attirail et les cérém.·. inutiles, pour ne pas les

---

* Nous entendons par *communication*, non pas seulement de faire prêter l'obligation, de consacrer, et d'indiquer les m.·., s.·. et attouch.·., mais de n'omettre que les cérém.·., et de donner aux récip.·. les instructions qui ressortent des gr.·.

qualifier plus sévèrement, le tout peut se faire dans une séance. Mais dans ce cas, nous conseillerions de fixer l'attention des récipiend.·. seulement sur les m.·., s.·. et att.·. des 14e et 18e gr.·. Si en effet on veut leur donner ceux des séries précédentes, ils en seront effrayés, et dans le désespoir de les retenir tous, ils ne s'attacheront à aucun. Du reste, il est bien entendu que chaque chap.·. a la faculté de faire deux séances, ou même quatre.

Il nous semble facile de concilier la collation des quatre séries ou ordres en une ou deux séances avec les avantages d'une instruction complète. La promotion aux deux gr.·. non communicables de G.·. Elu et de R.·. C.·. exigeant des frais, les chap.·. ne s'y livrent ordinairement que lorsqu'un certain nombre de maîtres se présentent pour y être élevés, sauf les cas d'urgence, dans lesquels on restreint le cérémonial, et par conséquent l'appareil. (Voir le dernier alinéa de la p. 210, sur la nécessité d'avoir pour les mêmes gr.·. un cahier complet, et un abrégé.) Il est rare qu'un chap.·. réunisse quatre fois par an assez de maîtres pour une promotion solennelle; et cependant un chap.·. qui veut entretenir le zèle et l'activité de ses membres, et pourvoir à leur instruction, ce qui engage les maîtres à demander la faveur d'y être admis, afin d'augmenter leurs connaissances maçonn.·., doit se réunir au moins une fois chaque trimestre. Les séances sans réception seraient utilement consacrées à une instruction sur les séries ou ordres dont la collation aurait été précédemment abrégée. Les chap.·., sans s'imposer des frais extraordinaires, rempliraient parfaitement ainsi le vœu des rituels, en instruisant leurs membres sur l'ensemble et les détails de tous les gr.·. qui sont dans leurs attributions, et la qualité de R.·. C.·. ne se réduirait pas à un vain titre, au droit de porter un cordon brillant. On verra plus loin que ces instructions peuvent être aussi intéressantes que variées. Mais indépendamment des données que nous soumettons aux lum.·. des atel.·., la science et le zèle fournissent bien d'autres moyens de tirer un parti avantageux, non seulement des quatre gr.·. principaux, mais encore de ceux qui en sont les préliminaires, et pour lesquels on ne trouve guère dans les cahiers officiels que des formules de communication. Notre institution offre un champ si vaste sous les rapports de la religion, de la philosophie et de la science, qu'un homme instruit, et animé de l'esprit maçonn.·., sait donner de l'intérêt à tous les gr.·., en consultant ses propres inspirations plus que la lettre des rituels.

C'est d'après ce plan de la collation des gr.·. capit.·. en deux, et même en une seule séance, sauf des instructions ultérieures dans des réunions sans récipiend.·., que nous allons traiter des quinze gr.·. écossais. Ce que nous en dirons, s'appliquera aux quatre ordres franç.·., à l'aide de quelques retranchemens ou modifications (p. 210, identité de la doctrine des deux rites). Ainsi le rit franç.·. n'a rien de la 1re série écossaise ; le premier ordre, l'Elu, correspond à la seconde série ; le 2e O.·., G.·. Ecossais, à la 3e ; les 3e et 4e O.·., à la 4e, l'Ecossisme ne faisant qu'une série du R.·. C.·. avec les trois gr.·. précédens, parmi lesquels est le Chev.·. d'Orient, tandis que le rit franç.·. établit deux O.·. distincts avec ce dernier gr.·. et le R.·. C.·.

Des auteurs qui donnent pour de l'histoire

leurs romans bien peu dignes de la maçonn.·., ont attribué à Salomon la fondation de la plupart de ces gr.·. Nous croyons avoir prouvé note A, p. 211, qu'on n'a pas besoin de remonter si haut. On a essayé de leur donner à tous des explications physiques. Ainsi l'on a prétendu que les différentes couleurs symbolisent les phases graduées de la végétation, la marche des saisons, de la vie humaine ; que l'emploi des nombres mystérieux se rapporte aux élémens générateurs ; que les emblèmes s'appliquent aux opérations de la nature dans le ciel et sur la terre ; que le chev.·. d'or.·. et d'occid.·., par exemple, figure le cours apparent du soleil. Les philosophes hermétiques ont tout expliqué d'après l'alchimie, comme ils l'ont fait pour les brillantes fictions de la mythologie des Grecs.

D'autres ont cherché dans nos cérémonies des rapports avec les fables anciennes, qui elles-mêmes étaient en grande partie des allégories physiques. Ainsi, pour excuser les formes révoltantes d'une des séries, on a dit que le poignard et le cri de vengeance existaient dans les mystères de l'antiquité. Il y aurait plus d'une réponse à faire à cette assertion ; mais en l'admettant comme exacte en tout point, devons-nous emprunter à des temps anciens, à une civilisation si différente de la nôtre, ce qui est contraire à l'esprit de l'initiation moderne, à celui de nos lois pénales, à la douceur de nos mœurs, qui approuvent la punition légale du crime, mais repoussent avec horreur les idées de vengeance, la férocité qui fait parade de ses poignards, et qui présente des têtes sanglantes avec l'orgueil du triomphe ?

D'autres enfin ont voulu voir dans ces gr.·. le

symbole des professions les plus nécessaires à la société. Il faut de grands efforts d'imagination pour y faire cette découverte, et encore plus pour la démontrer. D'ailleurs, ce système appartient évidemment au 2e gr.·., consacré, non pas à telle ou telle profession, mais aux arts manuels en général, qui assurent notre existence, comme le 3e l'est aux productions du génie, qui l'embellissent ; comme le premier, au principe religieux, au perfectionnement de soi-même, à la charité : système complet, tel qu'il convenait aux trois gr.·. qui constituaient autrefois toute la maçonn.·., système dont les gr.·. ajoutés ne peuvent offrir que des sujets de développemens, et d'applications particulières. Que manquerait-il en effet pour le bonheur d'une société au sein de laquelle régneraient la moralité appuyée sur la religion primitive et pure, la bienveillance mutuelle, l'industrie, l'activité, les lumières, la pratique des arts et la culture des sciences ?

Quelques-unes de ces interprétations peuvent être ingénieuses ; mais on conviendra que la plupart sont obscures, conjecturales, péniblement amenées. Que ceux qui se plaisent à ces bagatelles difficiles (*difficiles nugæ*, comme les appelait un ancien philosophe), en amusent leurs loisirs. Ils nous permettront aussi de ne nous arrêter qu'à ce qui est clair, certain, facile à prouver et à comprendre, et surtout utile à l'amélioration individuelle et sociale.

Les m.·., s.·. et attouch.·. de l'ordre chapitral, sauf ceux de la 2e série, qu'on a remplacés par d'autres (p. 223), prêtent à d'heureuses explications. Les premiers sont en général des symboles d'union, d'amour, de soutien et de secours mutuels. Les différens noms du G.·. A.·., et leurs syncopes, reviennent fréquemment, comme pour rappeler aux maç.·. qu'ils sont toujours en présence d'un père et d'un juge suprême. On ne trouve pas ces noms sacrés mêlés à ceux de puissances inférieures, ce qui nous avertit de rendre à Dieu un culte pur, dégagé de toute superstition, de toute pratique stérile, indigne de la majesté de ce culte. Le mot de passe du R.·. C.·., signifiant *Dieu avec nous*, a évidemment le même but. On y trouve encore deux mots *Joha... Beni...*, qu'on interprète dans le sens de *fils de Dieu.* De tout temps on a ainsi appelé les gens de bien : méritons ce beau titre. Enfin il y a des mots qui signifient *lum.·., alliance, bon cœur, bon courage, bon frère, liberté.* Ils indiquent par eux-mêmes, et sans qu'il soit besoin de commentaires, les nécessités de la maç.·., nos devoirs, ce que nous avons de plus cher.

Section II. DEUX NUANCES DISTINCTES DANS L'ENSEMBLE DES GR.·. CAP.·., ET OBJET SPÉCIAL DE CHACUN.

La question 3 du cat.·. a indiqué ces deux nuances. De cette distinction il doit résulter pour la pratique, que les gr.·. symb.·. ayant à peu près épuisé tout ce qu'il y a de bon à prendre dans le symbole architectural, il faut, sans négliger les trois premières séries écossaises (deux premiers ordres franç.·.), s'attacher avec un soin particulier à la 4e série (3e et 4e ordres), qui présentent aux recherches et aux méditations des maç.·. des hauts gr.·., deux sujets dont l'influence sur les destinées humaines a été plus ou moins sensible suivant les lieux et les temps, savoir, la chevalerie et le culte religieux (E). Un autre sujet, non moins intéressant sous le même point de vue, est réservé pour les gr.·. supérieurs à ceux du chap.·. Ainsi les gr.·. capit.·., placés dans l'Ecossisme entre la maç.·. symb.·. et la maç.·. philosophique (toujours chevaleresque), se relient à la première par les onze premiers, et à la seconde par les quatre derniers. Voilà, ce nous semble, un système suivi, cohérent, qui agrandit le domaine de la science maç.·., science vraie, positive et humanitaire, et devant lequel tout le fatras nébuleux, métaphysique, judaïque, templier, prétendu scientifique et astronomique, est bien peu de chose. Nous aimons beaucoup la science, et particulièrement celle de l'astronomie; mais ce n'est pas dans les ouvrages de maçonn.·. que nous l'étudions. L'histoire aussi est fort de notre goût, parce qu'elle confirme les théories de la philosophie morale par les faits, et par l'expérience de tous les temps et de toutes les nations. Mais d'après la manière dont on a traité jusqu'ici certaines parties de l'histoire maçonn.·., nous pouvons, en n'appliquant le reproche qu'à ce qui le mérite, signaler encore le fatras historique.

Le simple exposé que nous venons de faire, laisse déjà entrevoir la grandeur et l'utilité de l'ensemble ainsi considéré, quelles que soient les défectuosités et les superfétations de quelques-unes de ses parties. Il est facile de faire valoir celles-ci de manière que ce qui abonde, corrobore le système au lieu de lui nuire.

§ I. PREMIÈRE PARTIE DES GR.·. CAPITUL.·., FAISANT SUITE A LA MAÎTRISE, ET COMPRENANT LES ONZE PREMIERS GR.·. ÉCOSS.·., ET LES DEUX PREMIERS ORDRES FRANÇ.·.

Nous avons vu que ces onze gr.·. forment trois

séries. Les Prés.·. ont le choix, ou de s'en tenir pour les dix premiers, de 4 à 13, à une simple communication, et de conférer régulièrement le 14ᵉ, complétant la 3ᵉ série; ou, pour varier, de donner avec un peu plus de développement, tantôt la première, tantôt la seconde, sans préjudice de la 3ᵉ, dont la collation régulière est de rigueur d'après la disposition que nous avons rapportée des Stat.·. génér.·., et parce que d'ailleurs cette série est la plus intéressante des trois, et offre quelques aperçus qui ne sont pas dans les gr.·. précédens.

Première série, exclusivement écoss.·., gr.·. 4, 5, 6, 7 et 8.

Ce que nous avons dit dans nos cah.·. symb.·., sur la préparation du récipiend.·., son introduction, les questions qu'on peut lui adresser, la disposition du T.·., etc., s'applique à tous les gr.·. Ce sont les mêmes principes, sauf les variantes que chaque gr.·. exige.

Que la séance se termine par la 3ᵉ ou par la 4ᵉ série, la tenture rouge est la même pour les deux, ainsi que pour la première. Il n'est donc besoin que d'une chambre séparée, tendue en noir pour la 2ᵉ, et pour le premier appart.·. du R.·. C.·. Quant aux lum.·., on en mentionne le nombre pour l'expliquer allégoriquement; mais on s'astreint peu à l'exacte réalité. On procède de même pour une grande partie du matériel. Il y a encore de choquantes contradictions à l'égard de ces lum.·. : on en prescrit 33 dans le 18ᵉ gr.·., et 81 dans le 4ᵉ!

Les préliminaires étant remplis, il est bon que le Prés.·. prévienne l'espèce d'effroi que doit inspirer aux récip.·. l'accumulation de tant de gr.·., et, par suite, d'un grand nombre de m.·., s.·. et att.·. Il l'avertit que les 15 g.·. se réduisent, par le fait de leur classification en séries, à quatre seulement, et même provisoirement à deux, si l'on réserve pour une séance libre les détails de la première et de la seconde, ce qui est sans inconvéniens, puisque les visiteurs sont reçus dans les chap.·. en donnant, suivant le gr.·. auquel on travaille, les m.·., s.·. et att.·. du Grand Elu ou du R.·. C.·.

Le *Maître secret* et le *Maître parfait* indiquent, par leurs noms mêmes, qu'ils sont le complément de la maîtrise. Dans le dernier de ces gr.·., on pleure encore la mort d'Hiram. Pour remplir cette devise : l'*éclat du jour chasse les ténèbres*, nous devons remplacer notre ignorance et nos erreurs par le savoir, et par la connaissance de la vérité. Pour être fidèles à cette autre : *on a passé de l'équerre au compas*, nous devons mettre dans notre conduite encore plus d'exactitude et de régularité qu'auparavant. Ce gr.·. est aussi l'emblème de la vigilance et du travail; car on s'y met à l'ouvrage depuis la pointe du jour jusqu'à la nuit. La clé, qui est un de ses ornemens, nous rappelle d'une manière expresse une des premières obligations du maç.·., la discrétion et le silence, la discrétion, vertu si nécessaire à notre bonheur, et dont le défaut a souvent des suites bien funestes.

Le titre de *Maître parfait* nous avertit de ne pas nous reposer que nous ne soyons arrivés à toute la perfection dont l'homme est susceptible. Il était fidèle à cette obligation, ce maç.·. illustre qui a désarmé le ciel et les tyrans, qui s'imposait chaque semaine la pratique spéciale d'une vertu, et qui par là est parvenu à les réunir toutes dans sa personne. Si nous ne pouvons rendre au monde et à notre patrie d'aussi importans services que Franklin, imitons du moins les nobles efforts qu'il fit pour être dans sa vie privée aussi vertueux qu'il était grand dans sa vie publique. L'appareil du gr.·. représente * une fosse, un cadavre, une corde pour l'en retirer, un sépulcre fait en forme de pyramide surmontée d'un triangle entre quatre cercles et quatre carrés. La fosse et le cadavre sont l'emblème de l'homme mort à la raison et à la vérité, enseveli dans les ténèbres de l'erreur, dont il est retiré, comme à l'aide d'une corde, par la houpe dentelée, lien sacré par lequel les maç.·. des deux mondes sont unis pour chercher ensemble la vérité. La pyramide et son couronnement figurent le maç.·. zélé, qui s'élève par degrés jusqu'à la connaissance de cette auguste vérité. Les quatre cercles et les quatre carrés peuvent être regardés comme des symboles de l'immensité et de la solidité des ouvrages de l'Eternel.

La L.·. du 6e gr.·. *secrétaire intime*, ou *Maître par curiosité*, représente la salle d'audience des maîtres dans le palais de Salomon, qui reçoit la

---

* Ou du moins est censé représenter. Nous l'avons déjà dit, et nous le répétons : lorsque nous parlons de ce genre d'appareils encombrans, et dont la réalisation serait aujourd'hui un enfantillage, c'est à cause des déductions que l'on peut en tirer. On n'en surcharge pas les atel.·., et l'on fait bien. Ce ne sont plus que des fictions dans les rituels. Au reste, parmi les appareils et emblêmes que nous citons, il en est dont certains cahiers ne font pas mention ; mais ils se trouvent dans ceux que les corps constituans qui les possèdent, assurent être les rituels du véritable Ecossisme : peu importe, pourvu qu'on s'en tienne à la mention, et qu'on les explique.

visite du roi de Tyr, Hiram. Peu s'en faut qu'un maître parfait ne soit victime de son zèle et de sa curiosité. Mais ses bonnes intentions étant reconnues, il est récompensé par le gr.·. de secr.·. intime. Il y a là une double leçon : 1° lorsqu'on croit avoir reçu une offense, il faut, avant tout, examiner l'intention, et ne pas s'irriter si elle n'a pas été coupable; dans le cas contraire, la générosité maçonn.·. pardonne encore, mais se met en garde contre un ennemi qui ne témoigne pas de repentir; 2° autant la curiosité indiscrète est blâmable, autant celle qui a de bons motifs, mérite d'éloges.

Dans le 7e gr.·., *Prévôt et Juge*, ou *Maître Irlandais*, la clé d'or, qui est le bijou, est un signe de la fidélité du dépositaire de secrets ou objets précieux, de la confiance qu'on a dans le récip.·. en l'élevant à ces premiers gr.·. supérieurs, confiance qui lui donne l'espoir de parvenir aux derniers, pourvu qu'il apporte dans l'ordre *le zèle, la pureté de mœurs, et toutes les vertus sociales dont la base est la justice*, figurée par la balance, un des insignes du gr.·., et par son titre. Cette balance indique aussi que le maç.·. doit combattre ses passions, les mettre en équilibre avec la raison, être pour lui-même un prévôt et un juge sévère.

Dans le 8e gr.·., *Intendant des Bâtimens*, ou *Maître en Israël*, le candidat doit répondre sur tous les degrés précédens (obligation très essentielle, p. 135 et 136). Il y est question de créer un chef de chaque ordre d'archit.·., c'est-à-dire, d'avoir pour les diverses connaissances, des maç.·. capables d'instruire les autres. Il s'agit encore de terminer les trav.·. de la ch.·. secrète, c'est-à-dire, de former des maç.·. qui comprennent bien les véritables mystères de l'initiation.

Le cercle dans le triangle indique l'action perpétuelle et régulatrice du G.·. et éternel A.·., qui, suivant la belle expression de Platon, *géométrise* sans cesse. La nature en effet se repose-t-elle un seul moment dans ses transformations infinies? Le vert dans le tablier symbolise l'espérance, et particulièrement celle d'arriver par la constance du zèle et du travail, à des connaissances plus élevées. L'aspirant n'est admis qu'en reconnaissant son ignorance, ce qui est une leçon de modestie; il l'est pour dissiper les ténèbres, acquérir la V.·. L.·., diriger son cœur, éclairer son entendement. Il monte les *sept marches de l'exactitude*, et connaît les *cinq points de fidélité*, que l'on explique ainsi : *agir, intercéder, prier, aimer ses frères, les secourir*. En effet, le maç.·. doit toujours agir, c'est-à-dire être occupé d'œuvres bonnes et utiles. Il doit prier, c'est-à-dire, adorer Dieu en esprit et en vérité. Il doit intercéder pour ses frères, c'est-à-dire, leur rendre tous les services possibles par des démarches officieuses, et par ses recommandations. Il n'est pas besoin de commenter les deux points de fidélité qui consistent à aimer ses semblables et à les secourir.

Seconde série écossaise, les Elus, gr.·. 9, 10 et 11, *répondant au premier ordre franç.·.* L'élu secret.

Modifions les formes très répréhensibles de ces gr.·. (p. 236), et ne nous occupons que des motifs louables qu'on y trouve facilement (Q.·. 4). Nous verrons ici dans les assassins d'Hiram, les malheureux qui en couvrant la terre des nuages de la superstition et de l'erreur, ont porté un coup funeste à la vérité, et dans l'épée qui les punit, le flambeau des lumières, avec lequel nous devons éclairer nos semblables, tuer d'une manière aussi sûre que paisible, toutes les tyrannies, toutes les impostures. Les seules armes des maç∴, ce sont celles de la science, de la raison et du cœur.

Le mal vient encore ici de la manie de tout mettre en action. Nous avons vu p. 206, quelles anomalies en résultent à l'égard du meurtre d'Hiram. Dans la série qui nous occupe, le châtiment est juste ; ceux qui l'ordonnent, représentent les juges, dont le devoir est de réprimer les attentats contre l'ordre public et la sécurité de chacun. Mais ce n'est pas une raison pour nous faire assister à une exécution dont le mode et les détails inspirent le dégoût, et ont fourni aux ennemis de l'Institution le prétexte d'atroces calomnies contre elle-même et contre ses partisans.

Troisième série, gr∴ 12, 13 et 14, *répondant au* 2e *O∴ fr∴* Le G∴ élu.

Toute l'instruction et tout le matériel du 12e deg∴, *G∴ M∴ Arch∴* se rapportent à l'architecture. Ici, pour faire remarquer le bon choix que la maç∴ a fait de ce bel art pour son principal emblème, on peut rappeler ce que Platon fait dire à Socrate dans un de ses dialogues, savoir, que l'architecture, au moyen des instrumens et des mesures dont elle se sert, est un des arts qui ont le plus de justesse et d'exactitude. On ne peut donc présenter un meilleur type à la conduite du maçon, auquel les premiers gr∴ ont appris que cet art précieux est le symbole de cette architecture intellectuelle, qui consiste à faire de nous-mêmes un temple digne de la haute mission que nous avons reçue de l'auteur de la nature.

Le discours historique et l'instruction du 13e gr.·. *Royal-Arche*, sont très mystiques, et ne peuvent passer qu'à l'aide de l'allégorie. La L.·. se tient dans un souterrain sans porte et sans fenêtre, avec une trappe au sommet. On y possède la colonne d'airain subsistant après le déluge. Ce sont autant de signes, qu'on retrouve dans la Bible, et dans les traditions de plusieurs peuples anciens, du soin avec lequel les connaissances acquises ont été conservées, et ont reparu après quelque grande catastrophe. Il en est de même du Delta lumineux, portant le nom sacré, ineffable, que l'on découvre à la grande arche, dans les profondeurs de la terre. Il a fallu bien du courage, bien de la persévérance, il a fallu affronter bien des dangers, pour franchir huit arches, construites les unes sur les autres, et pour arriver jusqu'à la neuvième. Ainsi l'on ne trouve la science qu'après de longues et pénibles recherches (Q.·. 4 du cat.·.). Ce Delta si bien caché figure la doctrine d'un Dieu unique, que la superstition n'aurait pas soufferte en présence des Dieux de sa création. Comme le mot ineffable, la vérité ne doit être présentée qu'à ceux qui sont capables de la comprendre.

Des maç.·. ambitieux et jaloux avaient aussi essayé de fouiller dans les ruines, mais ils y avaient péri. La science, source de tant de biens, est un instrument funeste à celui qui ne la cultive que par des motifs d'orgueil, et qui n'a pas des intentions pures et bienveillantes.

Le 14e gr.·. *G.·. Ecossais de la voûte sacrée de Jacques VI*, appelé aussi *G.·. Ecossais de la perfection*, ou *G.·. M.·. Elu*, est consacré à la reconnaissance.... (Q.·. 4). En ouvrant les trav.·., on invoque le G.·. A.·. pour que la paix et la charité resserrent les liens de l'union des maç.·., et que le zèle de la perfection les anime tous. Celui qui a ce zèle, acquiert toutes les vertus; car une bonne qualité conduit à une autre. Il ne laisse aucun accès dans son cœur à l'iniquité, à la vengeance, à la jalousie. Il est toujours prêt à faire le bien, et jamais il n'emploie sa langue à la médisance et à la calomnie.

Le récip.·. s'engage à s'occuper sérieusement de l'œuvre de sa perfection, à secourir ses frères, à les visiter dans leurs maladies, à ne faire parmi eux d'autre distinction que celle de la vertu. Il porte un anneau (appendice du cat.·.), comme signe de l'alliance qu'il contracte avec la vertu et les hommes vertueux, et promet de ne s'en défaire jamais. Il lave ses mains dans la mer d'airain; il reçoit l'onction, signe de pureté; il dépose à l'autel des holocaustes, et la tête penchée sur un gril, tout ressentiment qu'il pourrait avoir, marque d'un entier oubli, d'un pardon sincère et sans réserve.

Nota. Il est bien entendu (note de la p. 242) qu'on peut se borner à la mention de la mer d'airain, du gril, de la hache, du sacrificateur, de son costume, et autres appareils, qui ont pu produire de l'effet dans un temps, et qui ne conviennent plus aujourd'hui que c'est à l'intelligence surtout qu'il est indispensable de parler. Si l'on suivait les rituels à la lettre, il faudrait dans certains gr.·., étaler la magnificence et le luxe d'un roi puissant, environné d'une cour brillante, et recevant d'autres rois. Il est tel gr.·. où tous les frères devraient être assis sur des trônes. Dans d'autres, il faudrait avoir à sa disposition de vastes campagnes, des fleuves, des ponts, des palais. Ne pourrait-on pas aussi modifier quelques titres de manière à les rendre un peu plus modestes et plus sensés. A leur risible emphase, se joint quelquefois l'insolence d'un despote accoutumé à regarder les hommes comme une vile poussière, témoin le mode indiqué, et non suivi, pour la demande du gr.·. de R.·. C.·.

Il y a dans le G.·. Elu une pierre cubique dont une surface est partagée en 81 cases, 9 par 9, chacune contenant une des lettres qui forment les mots des gr.·. antérieurs. Cette pierre est surmontée d'un triangle en quinze cases, également avec lettres composant des mots du grade. Ordinairement on lit de bas en haut, et de gauche à droite; mais la combinaison et les mots ne sont pas les mêmes dans toutes les représentations de ces deux figures, ce qui en rend le déchiffrement difficile. Aussi on le néglige, et d'autant plus que le maç.·. attentif, qui se fait, pour les m.·. s.·. etc.·., son petit *memento*, de manière à ce qu'il soit lisible pour lui seul, n'a besoin à cet égard, ni de livres, ni de tableaux gravés. Cette pierre cubique des chap.·. pourrait porter des indications plus utiles, et qui seraient en rapport progressif avec les considérations de la p. 170.

Le 14e gr.·. est ordinairement terminé par une espèce de communion assez semblable à la cène du R.·. C.·. Elle est bonne à faire, si l'on termine la séance par le G.·. Elu. Elle ne serait qu'une répétition inutile, si l'on conférait le 18e immédiatement à la suite.

§ II. SECONDE PARTIE DES GR.·. CAPIT.·., AYANT POUR OBJETS LA CHEVALERIE ET LE CULTE, ET FORMANT LA 4e SÉRIE ÉCOSSAISE, *gr.·.* 15, 16, 17 *et* 18, QUI RÉPOND AU 3e O.·. FRANÇ.·., *le Chev.·. d'Or.·.*, ET AU 4e, *le Chev.·. R.·. C.·.*

La maçonn.·., conservant toujours le même but d'amélioration, prend ici dans ses moyens un caractère tout différent de celui de ses trois premiers degr.·., et des onze capitulaires, qui en étant la continuation, obligent souvent d'en répéter les préceptes et les conseils (F). On peut dire que, sauf quelques réminiscences dont les gr.·. subséquens offriront de faibles traces, la maç.·., d'architecturale et adonhiramite qu'elle était, va devenir presque exclusivement chevaleresque, et que, sous ce rapport, l'ordre chapitral ne commence en réalité qu'au gr.·. de chev.·. d'Orient, pour finir au 33e. Mais dans les dix-neuf degrés qui restent à parcourir, cette chevalerie, introduite dans l'iniat.·. moderne, porte un drapeau sur lequel sont inscrits deux mots qui ont eu une grande influence en bien ou en mal, suivant qu'ils ont été bien ou mal compris. Ces deux mots sont RELIGION, PHILOSOPHIE, sur lesquelles la maç.·., dans ses premiers gr.·., se contente de poser quelques théories générales, mais provoque dans ses deg.·. supérieurs, la plus sérieuse attention de ses disciples. Si les preux chev.·. ont été peu philosophes, les maç.·. doivent l'être : aussi une classe entière de gr.·. que nous examinerons plus tard, est-elle consacrée à l'étude de la philosophie. Quant à la religion, les preux, d'après les idées de leur époque, ne l'ont vue que dans un système exclusif : les maç.·. la voient de plus haut. Ils s'en occupent particulièrement en chap.·., non pas seulement sous le rapport du sentiment intérieur, comme ils l'ont fait dans les gr.·. précédens, mais sous celui de la manifestation extérieure de ce sentiment par le culte.

Commençons par exposer, d'après la marche que nous avons suivie, la spécialité de chacun des gr.·. qui composent la 4e série, la plus belle et la plus intéressante des quinze gr.·. capitulaires. Nous traiterons ensuite des deux sujets généraux de cette série.

Le 15e deg.·., *Chev.·. de l'Orient*, ou *de l'Epée*, nous offre le sublime exemple d'un prince qui, par les plus nobles efforts, et en bravant tous les dangers, parvient à délivrer ses frères de la captivité, à les ramener dans leur patrie, et qui, le glaive dans une main, et la truelle dans l'autre, relève leur temple et leurs autels, en prenant pour devise le mot *libertas*, mot sacré qui doit changer le monde.

Si ce grade est beau sous le rapport historique. il ne l'est pas moins par les allégories auxquelles il donne lieu, et qui ne cessent pas d'être précieuses, quelque opinion que l'on ait sur la réalité ou sur la fiction des faits rapportés. S'ils sont exacts, ils appartiennent au genre historique ; s'ils ne le sont pas, on les accepte encore, mais comme des allégories, et l'on regarde les personnages comme des types. (Voilà sans doute pourquoi les maç∴ ne sont pas difficiles sur l'histoire.)

Cyrus peut être regardé comme l'emblème de la vérité, qui nous délivre des fers honteux que l'erreur nous impose. Zorobabel captif, c'est l'homme qui d'abord est esclave des préjugés. Il est triste, parce que, avec cet asservissement, on ne peut jouir pleinement de ses facultés. Il a les bras enchaînés par la crédulité. Il est désarmé, signe de faiblesse; il a les mains sur le visage, parce qu'il craint la lumière; il est fouillé par les gardes, parce qu'un homme qui est le jouet de l'erreur et de la superstition, peut être dangereux.

Le lion rugissant que Cyrus voit en songe, est le démon du fanatisme, auquel l'homme ne peut échapper qu'en cultivant sa raison. La gloire qui s'élève au dessus des prédécesseurs enchaînés de Cyrus, nous indique la vérité s'élevant triomphante au dessus des erreurs de tous les âges.

Par ces paroles, *rendez la liberté aux captifs*, nous pouvons entendre que la vérité parle sans cesse à nos cœurs, et nous avertit d'étendre son empire sur les ruines de l'ignorance et de la crédulité.

Les trois lettres L. D. P., que portent les chev.·. d'Orient, expriment celui de nos droits sur lequel la tyrannie a le moins de prise, *la liberté de penser.*

Zorobabel est le modèle d'un maç.·. accompli. Il en réunit toutes les qualités, grandeur d'ame, dévouement généreux, courage héroïque, indépendance de caractère, discrétion à toute épreuve. Il refuse de communiquer les secrets de la maçonn.·. à Cyrus, qui cependant est prêt à lui accorder, ainsi qu'à ses compatriotes, le plus grand des bienfaits. « L'égalité, dit-il à ce puissant monarque, est le premier de nos principes. Elle ne règne point ici; votre rang, vos titres, votre grandeur et votre cour, ne sont point compatibles avec les mystères de notre ordre. » Quelle leçon pour ceux qui recherchent les faveurs de la puissance aux dépens de leur propre dignité! Le maçon de ce gr.·. s'appelle *maçon très libre.* Le ciment mystique indique les qualités qui élèvent un être moral à la perfection, *la douceur, la sagesse, la force et la bonté.*

Le 16e, *Prince de Jérusalem,* suite du gr.·. précédent, est la récompense du zèle de Zorobabel, qui rentre en triomphe à Jérusalem, à son retour d'une ambassade où il a obtenu du successeur de Cyrus en faveur du peuple hébreu, l'assurance d'une protection spéciale. L'instruction donne un excellent motif pour que les maç.·. des hauts gr.·. ne cessent jamais de porter le tablier : c'est afin qu'ils n'oublient pas qu'ils ne sont parvenus à leurs dignités que par le moyen du travail maçonnique, et que se souvenant de leur premier état, ils soient doux et affables envers tous les maç.·. des gr.·. inférieurs.

Au moment de l'admission, le président, qui représente un roi par droit de succession, dit au récipiend.·. ces paroles remarquables, dirigées contre la noblesse qui ne se recommande que par des parchemins : « Votre mérite supérieur, non seulement vous a rendu mon égal, mais encore vous a élevé au dessus de moi. Vous êtes prince par une élection judiciaire et par une proclamation générale, et moi, je ne le suis que par ma naissance. »

Dans son obligation, le récipiend.·. s'engage à ne jamais abandonner un frère, dans quelque adversité qu'il puisse se trouver, soit dans les combats, soit dans les maladies, soit dans les prisons, à l'aider de ses conseils, de ses amis, de son épée et de sa bourse. »

Le 17e, *Chev.·. d'Or.·. et d'Occid.·.*, considéré historiquement, rappelle l'époque à laquelle les croisés d'Occid.·. se réunirent aux maç.·. d'Or.·., sous la conduite du patriarche de Jérusalem, pour veiller à la sûreté des Pélerins. Au point de vue philosophique et moral, il avertit les sages de tous les pays de se réunir dans un but commun, celui de faire triompher la vérité par les lumières.

Les emblèmes de ce grade sont, partie astronomiques, si l'on veut les interpréter dans ce sens, tels que les sept sceaux, les sept chandeliers de l'apocalypse ; partie moraux, tels que la balance de la justice, l'épée du courage ; un heptagone portant dans l'intérieur l'initiale du nom de chacune des qualités qui distingueront la maçonn.·. si nous la pratiquons bien, *beauté*, *divinité*, *sagesse*, *puissance*, *honneur*, *gloire*, *force* :

et désigne en dehors une partie des vertus propres à lui donner ces caractères : *amitié, union, soumission, discrétion, fidélité, prudence, tempérance.* L'aspirant renouvelle l'obligation d'observer les lois de son pays, et de verser son sang pour ses frères.

C'est ainsi que tous les gr.·., quelque peu régulier qu'en soit l'ensemble, quelques bizarres que puissent paraître d'abord les emblèmes et les cérém.·. de quelques-uns, nous portent tous à la pratique d'une vertu, à la recherche d'une vérité utile. Tous ils nous rappellent à ce qui fait la beauté, la force, la perfection de l'homme, c'est-à-dire, à la moralité et à l'instruction. Tous ils nous disent : chassez l'ignorance, chassez le vice ; ce sont les deux lèpres de l'humanité. Le gr.·. de R.·. C.·. a le même but ; mais à cause de son importance, puisqu'il est le terme de tous les précédens, qui semblent n'en être que la préparation, à cause de ses formes singulières, et des hautes leçons qu'il nous donne, il exige des développemens particuliers, que nous réservons pour le chap.·. suivant. Nous passons aux deux sujets généraux de la 4e série.

Il est évident, ne fût-ce que par les titres des quatre gr.·. de cette classe, qu'ils se rapportent directement à la chevalerie. En outre, les belles actions de Zorobabel sont de véritables exploits d'un noble et digne chevalier. Il en est de même relativement au culte. Le but principal de ce héros est la reconstruction du temple par ses concitoyens, qu'il ramène dans leur patrie. Toutes les formes, tous les détails de la réception du R.·. C.·., démontrent que son objet, c'est le culte, que la parole perdue est une allusion toute spéciale au culte altéré, que la parole retrouvée en est une au culte rétabli dans sa pureté primitive, tandis que dans d'autres gr.·., cette parole perdue et retrouvée a un sens plus général, et symbolise les dégénérations et améliorations de tout genre, qui sont amenées par le temps (p. 191 et 192).

N° 1. *La Chevalerie.*

Toute position prescrit des devoirs particuliers, exige des connaissance spéciales. Maçon des H.·. Gr.·., vous êtes chevalier, et vous ne sauriez pas ce que c'est que la chevalerie!

Cette institution, née au milieu de l'anarchie et de la tyrannie féroce du régime féodal, devenue, telle qu'elle était alors, une superfétation et une anomalie dans l'état, à mesure que l'empire des lois reprit sa force et sa marche régulière, cette chevalerie, qu'on acheva de tuer par le ridicule (G), parce qu'elle était dégénérée au point de ne présenter presque plus que des abus, a soutenu le monde moral, qui semblait prêt à s'écrouler. Elle a consacré le culte des affections généreuses, des sentimens magnanimes; elle a érigé en dogmes quelques-uns de ces principes qui relèvent l'espèce humaine sous le poids de l'ignorance et de la barbarie, le principe de l'honneur, celui de la défense des faibles, celui qui adoucit le plus promptement les mœurs, et qui nous porte à rendre à la beauté des hommages respectueux, tendres et délicats; la générosité, qui ne connaît plus d'ennemi quand il est désarmé ou par terre; enfin, cette maxime qui, sous une forme simple, énergique et concise, contient toute la théorie et toute la pratique de la morale : *fais ce que tu dois, advienne que pourra.*

Quel éclat n'ont pas répandu les vertus des

chevaliers sur ce moyen âge, qui a été l'âge de fer pour les peuples, et l'âge d'or pour les oppresseurs! quelle fidélité à leur parole! quelle loyauté dans leur conduite! quel attachement à l'honneur! quelles nobles inspirations dans leur dévouement! quoique rivaux, quoique ennemis, quoique brisés, meurtris par les coups terribles qu'ils venaient de se porter, ils s'en allaient ensemble sans défiance, à travers les bois les plus épais, ils couchaient souvent dans le même lit. Ils faisaient le serment, adopté par les maç.·., de s'aimer, de se secourir mutuellement dans tous les périls, et, comme on s'exprimait alors, *en tout encombre, bonne et male fortune.* Ils pratiquaient cette vertu, quelquefois même envers leurs ennemis mortels. Quoique exaltés par l'amour, ils savaient en faire un généreux sacrifice à l'amitié.

Il y aurait bien un triste contraste à opposer à ce tableau; mais il n'est pas nécessaire que nous le présentions ici, puisque la maç.·. n'a emprunté aux principes et aux usages chevaleresques, que ce qu'ils avaient de bon. Elle s'est tellement emparée, et de ces principes, et des formes mêmes de la chevalerie, que des autorités très imposantes la font descendre directement de cette institution (p. 80). On trouve en effet dans la chevalerie tout ce que nous avons parmi nous, les préparations d'initiés, les réceptions, les chaînes, les voyages, les grades, les testamens, les gants, les purifications, les sermens, les menaces de punitions, les promesses de ne rien écrire, utiles alors, et très faciles à observer, la plupart des chevaliers ne sachant pas lire, les emblèmes, les allégories, les dénominations, les insignes, les patrons, les paroles, signes, attouch.·., mots d'ordre, les nombres mystérieux, et enfin les banquets. Toutes ces conformités, dont on peut se convaincre par la lecture de très bons ouvrages sur cette matière, prouvent que la maç.·. moderne est la chevalerie adaptée à nos mœurs, dont nous n'avons dû conserver les usages que comme des emblèmes, et dont nous devons surtout pratiquer les généreuses maximes. Cette imitation d'une institution qui manquait aux temps anciens, a beaucoup ajouté au mérite de la maç.·., et contribué à introduire dans sa doctrine les principes de dévouement humanitaire, patriotique et fraternel, et les nobles sentimens qui la distinguent.

Il serait donc convenable que les R.·. C.·., et ceux qui aspirent à le devenir, étudiassent tout ce qui a rapport à la chevalerie, ou du moins que les orateurs des chap.·. en fissent le sujet de leurs instructions.

Qu'était la chevalerie du moyen âge, créée dans le but de donner à la valeur, et au sang versé pour la patrie, un encouragement plus noble et plus stimulant qu'une récompense pécuniaire?... Elle entretenait, elle exaltait l'amour de la gloire et des dames parmi des guerriers ignorans et grossiers d'ailleurs, et unissait par les liens sacrés d'une amitié fraternelle, des hommes entre lesquels une double rivalité pouvait devenir une source de divisions préjudiciables à l'intérêt commun.

Grades de chevalerie : pages ou varlets, écuyers, chevaliers. — Serment de ces derniers. — Symboles de leurs armes. — Enseignes, étendarts et bannières. — Pas et entreprises. — Défis et combats. — Armes courtoises. — Joûtes, tournois et carrousels. — Cérémonies de la collation des grades. – Priviléges et honneurs qui leur étaient accordés. — Vœux militaires des chevaliers la veille des batailles et tournois. — Dégradation des chevaliers félons. — Chevaliers célèbres.

Chevaliers bannerets, ceux qui avaient assez de vassaux gentilshommes pour lever bannière, et former une compagnie soldée à leurs dépens. Bacheliers (bas chevaliers), qui n'ayant pas assez de biens ni de vassaux, marchaient sous l'étendart des bannerets. — Chev.·. ès lettres, qui, à cause de leur savoir, étaient appelés au service du prince, et qui après vingt-deux ans d'exercice, obtenaient le titre de comtes palatins (du palais), ou de comtes de lettres, et en portaient les honneurs, savoir, le cercle perlé, l'épée, et les éperons dorés. — Chev.·. ès lois, qui recevaient ce titre comme récompense de services rendus à la patrie et au prince, en remplissant dignement les devoirs de l'office qui leur était confié. — Chev.·. errans, qui à l'exemple des Hercule et des Thésée, allaient partout pour redresser les torts, venger les opprimés, exterminer les brigands. — Chev.·. de la table ronde, ainsi nommés à cause de la table de cette forme, signe d'égalité, où ils venaient s'asseoir à la suite des fêtes d'armes, des tournois et des joûtes. Beaucoup de traditions merveilleuses et fabuleuses sur ces deux classes de chevaliers.

Enfin les chev.·. trouvères ou troubadours, qui fleurirent dès le douzième siècle, principalement en Provence, lorsque l'ignorance et la barbarie dominaient encore en Europe. Ils visitaient les cours des princes et les châteaux des seigneurs ; ils y étaient favorablement accueillis, surtout par les dames, auxquelles ils consacraient leurs hommages et leurs chansons. Vivre exclusivement pour sa dame, aspirer pour elle à la gloire des armes et des vertus, l'admirer comme parfaite, et lui assurer l'admiration publique, ambitionner le titre de son serviteur, même de son esclave, et pour récompense de tant d'amour et de tant d'efforts, demander seulement qu'elle daigne les agréer; en un mot, la servir comme une divinité à laquelle on rend un hommage respectueux, était le devoir de tout chevalier, et de quiconque aspirait à le devenir. Un amour de ce genre était propre à exalter l'enthousiasme : aussi, en formant des héros, fit-il éclore tous les écarts de l'imagination des poëtes du temps. Des princes furent troubadours, entre autres, Raymond Bérenger V, comte de Provence, le bon Thibaut, comte de Champagne. Ces chevaliers, princes ou non, joignaient l'étude de la poésie à la bravoure; ils célébraient les grands faits d'armes et la beauté : ils entretenaient ainsi l'enthousiasme belliqueux et celui de l'amour.

Les croisades ont donné lieu à la fondation de plusieurs ordres de chevalerie, dont les uns se sont éteints avec elles, et les autres se sont répandus en différens pays de l'Europe. Remarquons en passant, que cette atroce extravagance, dont les suites *immédiates* furent si funestes à l'Europe, eut plus tard, en vertu de cet ordre providentiel qui fait sortir le bien du mal, des résultats très favorables à la civilisation, sous le rapport de la liberté civile, de nombreux affranchissemens de serfs, de la délivrance de taxes arbitraires et autres sujétions féodales, conséquences forcées de la ruine de beaucoup de seigneurs; sous celui du commerce, de l'industrie, des beaux arts et des sciences, sur lesquelles cette grande transmigration, et les voyages qui la suivirent, éveillèrent les idées (beau sujet à développer). Les plus célèbres de ces ordres furent ceux du *Saint-sépulcre de Jérusalem*, qui a commencé par des chanoines, gardiens du sépulcre, et qui furent faits chevaliers; les *Templiers* qui s'appelèrent d'abord *pauvres soldats de J.-C.*, et qui finirent par avoir des possessions dans presque tous les états de la chrétienté : cet ordre de moines militaires, corrompu par ses immenses richesses, ambitieux, prétendant à l'indépendance de toute autorité civile et ecclésiastique, ne pouvait être toléré par des princes qui voulaient gouverner. La manière perfide et cruelle avec laquelle il a été anéanti, a excité une juste indignation. Mais on peut détester cette grande iniquité sans se laisser séduire par une poétique admiration pour un ordre dont l'existence, devenue inutile après les croisades, était un abus et un scandale; les *Hospitaliers de St-Jean de Jérusalem*, appelés ensuite *Chev.·. de Rhodes*, puis *Chev.·. de Malte*. Ce n'étaient d'abord que des frères laïques, employés par les Bénédictins au service de l'hôpital. Bientôt l'abbé fut obligé de les armer pour la défense des pélerins. Devenus militaires, ils eurent un capitaine pour les commander en campagne. Insensiblement ils ne voulurent plus reconnaître d'autre chef, et secouèrent l'autorité des moines. Le généreux dévouement avec lequel, de la même main, ils soutenaient leurs frères par des soins charitables, et les défendaient par les armes contre des hommes avides et féroces, demandait un courage héroïque : ils en donnèrent des preuves signalées dans leurs différens séjours à Jérusalem, en Chypre, à Rhodes, à Malte, rocher stérile qu'ils fertilisèrent, pendant qu'ils couraient sur les pirates; — les *Chev.·. teutoniques*, institués aussi pour donner un asile aux pélerins et les défendre. Tandis que les Templiers ont été brûlés, ces chevaliers plus heureux sont devenus des princes souverains : les rois de Prusse en descendent.

Il a existé aussi des ordres (libres) de chevalerie pour les dames, dans différens états, et notamment en France : au 18e siècle, l'ordre *de la Félicité, et celui de la Constance,* renouvelé en Bourgogne, d'un ancien ordre de ce nom, et dont la dame du lieu, estimée pour sa bienfaisance, fut nommée grande-maîtresse.

L'ancienne chevalerie a donné naissance aux ordres nombreux, militaires ou civils, institués pour récompenser les différens genres de mérite. Exposé des plus marquans; différences de ces deux sortes d'institutions, leurs avantages respectifs, suivant les temps, les lieux, les mœurs, toutes guerrières dans le moyen âge, où par conséquent on ne pouvait trop exciter le courage et l'habileté militaires.

Tel est à peu près le programme que les orateurs auraient à remplir dans leurs instructions sur les 15e, 16e, 17e et 18e gr.·. (3e et 4e ordres français). Ce n'est pas une tâche fort difficile : on trouve des renseignemens suffisans dans des ouvrages peu volumineux. Il y en a beaucoup à puiser dans l'opuscule déjà cité de l'abbé Robin, 1er vol. de l'Encycl.·. maç.·.

N° 2. *Le Culte.*

Il est une autre classe de connaissances d'une bien plus haute importance encore, que doit posséder le maç.·. revêtu du gr.·. de R.·. C.·. En effet, ce gr.·., comme la maîtrise et le Royal-Arche (le Delta dans celui-ci), fait mention d'une parole perdue, qu'il s'agit de retrouver. Mais cette parole, qui interprétée sous le rapport religieux, n'est appliquée qu'au sentiment intérieur, et qui peut l'être à toutes les espèces d'améliorations, l'est d'une manière toute spéciale dans le R.·. C.·., à la pratique extérieure de la religion, c'est-à-dire AU CULTE. Or, comme les faits sont la base la plus sûre de toute science, c'est en étudiant les institutions religieuses qui ont régné et règnent encore dans le monde, que le maç.·. peut acquérir une expérience à l'aide de laquelle il se fera sur ce grand instrument de civilisation et de moralité, des principes solides, raisonnables, qui auront une heureuse influence sur sa conduite pour lui-même et envers les autres, et qui seront aussi éloignés de la froide et funeste indifférence, que de l'aveugle et dégradante superstition.

L'homme qui fait usage de ses yeux pour considérer la magnificence et l'ordre de cet univers, et de sa raison pour réfléchir sur ses facultés intellectuelles, sur ce qui se passe dans sa conscience, reconnaît que par le don précieux de ces facultés, par cette voix intérieure, qui lui révèle évidemment les lois de son auteur, il a des rapports avec Dieu. Donc il a des devoirs à remplir envers lui.

Nous n'existons, nous ne conservons l'existence que par lui ; c'est de lui que nous tenons les facultés qui nous placent à la tête de la création ; nous sommes comblés de ses bienfaits sans même que nous y pensions, le jour, la nuit, à toute heure, à chaque instant. Nous lui devons donc amour et reconnaissance.

Il est notre maître suprême. Il nous a donné ses lois par les sentimens qu'il a mis dans notre cœur, et qui sont inhérens à notre nature. Nous devons suivre l'impulsion de ces bons sentimens, et nous soumettre à ce qui arrive en vertu des lois de l'ordre physique et de l'ordre moral.

Nous ne pouvons être bien pénétrés de cet amour reconnaissant, de cette soumission confiante envers Dieu (p. 30 et 31), sans éprouver le besoin de les lui témoigner, et ce témoignage a l'inappréciable utilité d'entretenir et de ranimer ces bonnes dispositions, conservatrices de la tranquillité de l'ame, du courage dans le malheur, de toutes les vertus. Voilà ce qu'on appelle *adorer Dieu, lui rendre un culte.*

Quoique en général on entende par culte la pratique extérieure d'actes religieux, il n'y en a pas moins un culte intérieur, le plus simple et le moins gênant de tous, celui par lequel un homme, principalement à son réveil, et dans les circonstances où il a besoin de fermeté, de résignation, d'un généreux effort pour faire une bonne action, ou en éviter une mauvaise, à laquelle il pourrait être entraîné par de puissantes séductions d'intérêt ou de plaisir, se place en présence de Dieu par la pensée plutôt que par des paroles, prend la résolution et lui demande la force de suivre la bonne voie, force qu'il obtient ; car en la désirant, en la demandant, il se met en disposition de l'avoir (avantages de cette pratique pour le perfectionnement individuel, p. 83 et 84). A quoi bon prier Dieu, dit-on ? Certes, le G.·. Être n'a pas besoin de nos prières ; c'est l'homme qui, à cause de leur effet sur lui-même, a besoin de lui en adresser, pourvu qu'elles soient courtes, qu'elles ne soient pas de vaines formules, répétées par routine, qu'elles aient rapport à la circonstance où l'on se trouve, et qu'elles n'aient pour but que les vrais biens. (La prière, obligation du maç.·. p. 244.)

Le culte extérieur n'est que l'expression de celui-ci. Combien de gens négligeraient, oublieraient même tout-à-fait le culte intérieur, s'ils n'y étaient rappelés par des réunions et par des cérémonies fixes. L'homme ressemble à une horloge : entraîné sur la pente du mal par de fausses maximes, par de mauvais exemples, par des séductions de toute espèce, il cède s'il n'est *remonté* de temps en temps. Rien n'est plus propre à retremper son ame, à renouveler son énergie pour le bien, que de pareilles réunions, pourvu toutefois qu'elles soient ce qu'elles doivent être.

Le culte extérieur est domestique ou public. Le premier est celui où un chef réunit à jour et à heure fixes sa famille et ses serviteurs, fait quelques prières simples, une lecture religieuse et morale, ou une exhortation paternelle. Ce pieux et touchant exercice est animé par des chants du même caractère : c'est un culte vraiment patriarchal. Il y a des familles qui le pratiquent, surtout dans les pays, certaines parties de l'Amérique, par exemple, où les habitations, étendues et disséminées, sont très éloignées du lieu qui possède une église ou un temple *.

Il existe, et on doit l'établir de plus en plus dans la maç∴, ce culte simple (p. 81 et 86), le

* Nous avons connu un français, colon de la Louisiane, qui se trouvait dans ce cas. Il avait une grande exploitation, et de nombreux esclaves. Il les réunissait le dimanche avec sa famille, récitait les prières, et les entretenait des devoirs de la morale religieuse. Il assortissait les époux, les mariait, et leur faisait construire une cabane à la suite des autres. Il baptisait les enfans, et présidait à l'enterrement des morts. Il traitait ses esclaves avec douceur et sans faiblesse. Il avait rarement à punir, car il était bon et juste, et ils l'aimaient comme un père.

plus agréable à Dieu, ainsi que le dit l'Evangile en termes positifs, et en revenant plusieurs fois sur la même pensée avec des formes différentes. La maç.·. n'est-elle pas une grande famille, et chaque atel.·. n'est-il pas une famille particulière ? Une séance bien dirigée, en L.·., en chap.·., etc., n'est-elle pas dans ses trav.·. d'intérêt général, dans ses initiations, un acte vraiment religieux (p. 54 et suiv.), qui réunit à l'attrait de l'intimité, le plaisir et l'avantage d'une certaine solennité ? On y rend hommage au G.·. A.·., on éclaire l'esprit par le raisonnement, on touche le cœur par le sentiment, pour l'exciter à l'observance de tous les devoirs. On joint la pratique à la théorie, en donnant du pain aux malheureux, des consolations aux affligés, des félicitations et des encouragemens au bon emploi du talent et à la vertu. Il nous semble que ce sont les vrais, les seuls élémens d'un culte digne de la divinité, digne de l'intelligence humaine, et qui a de plus le mérite de sympathiser avec tous les autres (p. 86). Les maç.·. doivent d'autant plus y tenir qu'il y a aujourd'hui beaucoup d'indifférence pour les cultes chargés de dogmes subtils, circonstance qui donne plus de prix que jamais à la maçonn.·. N'est-ce pas un homme tout matériel, tout physique, que celui qui n'appartient pas à une association quelconque, soit religieuse, soit morale, soit l'une et l'autre à la fois, où il puisse se rappeler de temps en temps qu'il a une intelligence à cultiver, une ame à retremper, un cœur à réchauffer pour le bien ?

Le culte public a de grands avantages : ses solennités sont plus frappantes pour les esprits qui ne s'élèvent aux idées du spiritualisme qu'à l'aide d'objets sensibles ; les réunions, plus nombreuses, sont plus imposantes ; le lieu, exclusivement consacré à des exercices religieux, inspire plus de réserve et de recueillement ; l'exemple que donnent ceux qui assistent à ces réunions, peut contribuer à la moralité sociale. Il est, quant à présent, moins suivi à proportion de la population, dans les grandes cités, où l'on ne connaît de trève ni aux affaires ni aux plaisirs, où d'ailleurs il est souvent en opposition avec les idées généralement répandues. Mais dans les petites villes et dans les communes rurales, où la vie est plus simple, plus paisible et plus uniforme, le culte est pour les habitans une distraction salutaire, une occasion de se revoir comme adorateurs et enfans du même Dieu, et de réveiller en eux cette vraie piété qui porte à la charité, à la bonté, à l'indulgence, à l'oubli des offenses, à une constante régularité dans la conduite.

Mais pour que ce culte atteigné entièrement son but d'utilité, il faut que les cérémonies n'en soient que l'accessoire, que le principal soit une instruction facilement comprise par tous les auditeurs, et capable de les intéresser ; il faut que les ministres sachent fixer leur attention par de bons conseils sur tout ce qui se rapporte à leur bien-être matériel et moral, qu'ils insistent peu sur les croyances secondaires, qui ne tiennent pas aux principes incontestés de la religion universelle, mais qu'ils parlent surtout des devoirs pratiques, de la grandeur et de la bonté de Dieu dans ses ouvrages et dans les productions de la nature, de l'ordre providentiel, de l'ordre social, de la famille, de la soumission aux lois, sans favoriser ou combattre aucune opinion politique, qu'ils fassent en un mot de la religion ce qu'elle est, c'est-à-dire, une doctrine d'amour, de paix, de haute raison, de bonnes œuvres, de dévouement envers le prochain, et non de terreur, de superstition, de quiétude dévote et égoïste, d'intolérance, et de pratiques qui ne sont utiles ni à la société ni aux individus. Ils réconcilieront ainsi avec le culte beaucoup d'hommes qui s'en tiennent éloignés ; ils seront honorés et chéris comme des anges de paix sur la terre, ils seront les bienfaiteurs du genre humain.

Il n'y a pas sur la terre un seul culte, de quelques superstitions qu'il soit ou paraisse surchargé, que la sagesse de ses ministres ne puisse faire respecter et aimer en lui imprimant ce caractère. Dans tous, en effet, se trouve un fond commun de vérités essentielles sous des formes que les différences des temps et des lieux ont diversifiées. Ces vérités fondamentales concernent Dieu, l'homme et la nature. A quoi peuvent se rapporter les instructions à donner par les ministres, leurs dogmes mêmes et leurs cérémonies, sinon à ces trois grands objets de tout système philosophique ou religieux, et qui prêtent à des développemens nombreux, variés à l'infini, et d'un intérêt inépuisable ? Ils auront encore le mérite de se rapprocher tous par leur doctrine, de perfectionner chacun leur culte, sans transition brusque, sans ces secousses qui ont eu des suites déplorables, et d'éteindre la torche de la discorde religieuse et de la stupide intolérance, la honte et le fléau de l'humanité.

Pour aider à cette œuvre, les chev.·. R.·. C.·. et leurs orateurs passeront en revue les cultes divers. Par cette étude, toute en faits, facile par conséquent, et propre à exciter vivement la curiosité, les premiers se convaincront, les seconds se mettront en état de prouver que les aberrations en ce genre sont le produit, ou de l'ignorance la plus grossière dans l'état sauvage, ou, dans une civilisation plus avancée, de rêveries métaphysiques qui n'ont rien de commun avec l'amour de Dieu et du prochain, avec la moralité humaine, base unique et qui doit être le seul motif de tous les cultes; que tous, même en s'égarant, ont reconnu cette large base, ce motif respectable et saint; qu'ils n'ont donc pas sujet de s'anathématiser et de se persécuter réciproquement, mais que leur accord sur leurs intentions et sur les principes fondamentaux doivent les déterminer à vivre en paix comme de bons frères qui aimant également les auteurs de leurs jours, les saluent, l'un en inclinant le corps, l'autre en tirant le pied, celui-ci, de la main droite, celui-là, de la main gauche.

Il y aurait ici une longue nomenclature à présenter de toutes ces institutions. Nous nous contenterons pour le moment de renvoyer à celle de la note B. p. 215 : nous essaierons de la compléter dans le 5ᵉ cahier, avec un trait caractéristique sur chacune. Qu'on veuille bien se rappeler la prudence et la discrétion recommandées note E, à l'égard des cultes plus rapprochés de nous par les temps et par les lieux. Il s'agit d'ailleurs ici d'exposer simplement les faits, qui parlent assez d'eux-mêmes, sans avoir besoin de commentaires, et non de se livrer à des critiques. Nous le ferons peut-être, et cela avec la réserve convenable, lorsque nous traiterons un ordre plus élevé, dans lequel les rituels de certains gr.·. imposent le devoir de combattre la superstition.

Toutefois il en est un dont nous ferons mention dès à présent, et même avec quelques détails, parce que la revue que nous conseillons, doit commencer par lui à plusieurs titres : il est le premier dans l'ordre des temps, il a été le plus universel, il en existe des monumens nombreux dans l'ancien et dans le nouveau monde, c'est de lui que toutes les idolâtries ont pris leur origine. On sera plus en état de les apprécier en partant des faits qui le concernent.

Du Fétichisme.

On appelle ainsi le *culte rendu à des objets matériels*. Il a été, il est encore grossier parmi les peuplades sauvages, qui révèrent des singes, des serpens, des pierres brutes, etc. C'est le fétichisme dans son sens le plus étroit ; mais si on le comprend d'une manière plus large, et conséquente à la définition inattaquable que nous venons d'en donner, on en trouvera des traces dans presque toutes les institutions religieuses. Comme il est plus facile de changer les dogmes que des habitudes invétérées, les cultes les plus spiritualistes ont été obligés de composer avec lui.

Tous les objets qui frappent les sens, utiles ou nuisibles, le soleil, la lune, le tonnerre, les orages, des montagnes, des fleuves, des fontaines, la mer, des forêts, des arbres, des pierres, des animaux de diverses espèces, furent d'abord révérés par la reconnaissance ou par la crainte, comme étant remplis d'une force occulte et d'une vertu surnaturelle. Bientôt des hommes fourbes ou exaltés se vantèrent d'avoir le secret de cette force et de cette vertu : on crut à leur prétendue science, et l'on reçut d'eux des ordres et des présages ; ils furent devins, magiciens et prêtres, ce qui était et ce qui est encore synonyme parmi les peuplades plus ou moins sauvages. La superstition s'étendit et se fortifia : les objets matériels, respectés comme sacrés, devinrent des Dieux, ou leurs symboles favoris. On put les avoir chez soi et avec soi, comme des talismans préservateurs de la mort, des maladies, de tout accident.

Parmi les objets matériels, il faut surtout distinguer les pierres brutes, à cause de leur nombre, de leur destination, et des suites qui en résultèrent successivement chez des peuples plus civilisés. Elles marquaient les limites des grandes et des petites divisions de territoires : il était naturel de les respecter, puisqu'elles prévenaient les dissensions entre particuliers, et les guerres entre peuplades. Ce respect alla jusqu'à les oindre d'huile, les couvrir de guirlandes et de couronnes de fleurs dans les jours de fête, les envelopper quelquefois de laine crue ou de toisons de brebis. On en fit des monumens pour conserserver la mémoire d'évènemens remarquables; on en couvrit les tombeaux, et l'on y grava des inscriptions; on forma des croix dans les carrefours, en élevant une pierre verticale, traversée par une horizontale, sur laquelle étaient indiquées les deux routes de droite et de gauche. A mesure que l'art grandit, ces pierres limitantes furent taillées moins grossièrement, et quelques ornemens y furent ajoutés : on en fit des colonnes, des pyramides, des obélisques. Jusque là c'était bien; mais par une transition fatale, qui ouvrit une large porte aux superstitions, on représenta, d'abord, une tête humaine à la partie supérieure, puis le buste, puis les bras avec des attributs dans les mains, la partie inférieure restant en forme de pilastre, puis enfin le corps humain entier.

Ce premier pas franchi, les poëtes, les sculpteurs et les peintres, purent se livrer en pleine liberté à tous les caprices de leur imagination. Les images du soleil et de la lune, plusieurs signes du zodiaque (les autres ayant des figures d'animaux), ceux des planètes, d'un grand nombre de constellations, les parties extraites des montagnes, des forêts, des eaux, et leurs symboles, reçurent des formes humaines. Cette manie antropomorphique fut générale : elle s'est glissée, elle s'est conservée dans les institutions les plus pures. Presque partout, jusque dans la maç∴, le soleil est représenté sous les traits d'un gros joufflu, et la lune, avec un visage plein ou de profil.

L'art continuant de se perfectionner ne pouvait s'en tenir à la simple ébauche du corps humain. Les noms de Thaut, d'Hermès, de Mercure, aussi bien que celui de *Terme*, usité chez les Latins, n'avaient pas d'autre signification que celle d'une borne, d'une limite. Ces signes n'avaient été longtemps que des pierres brutes : Ils devinrent des personnages, parce qu'on s'avisa d'y esquisser une tête humaine afin de les orner. Leur accroissement de dignité ne devait pas se borner à être des hommes : révérés à cause de leur usage, ils eurent les honneurs de la divinité. Ces Dieux une fois créés, il sembla juste et convenable d'en faire d'autres, d'après les différens phénomènes naturels. Le ciel, l'air, la mer, les enfers, le bien, le mal, la force, la beauté, toutes les parties de l'ordre physique, intellectuel et moral, eurent donc leurs divinités, et l'art épuisa toutes ses ressources pour donner à ces hommes-dieux des formes majestueuses, élégantes, délicates, vigoureuses ou redoutables, suivant leurs attributs, ce qui augmenta le zèle et le nombre de leurs dévôts. Telles furent les conséquences du fétichisme *perfectionné*. Nous aurons plus d'une occasion de les remarquer dans l'examen rapide que nous ferons des autres cultes. Nous rechercherons aussi comment des sages trouvant ce système établi dans les masses, se sont efforcés d'en atténuer les défauts, et d'en prévenir les mauvais effets.

Nota. Les institutions religieuses ont comme la maç.·., beaucoup de symboles, avec la différence qu'ils sont dans celle-ci plus simples et sans danger (p. 153 et 154). L'étude de ces institutions en chapitre, fournit donc l'occasion d'y cultiver la science allégorique avec un soin particulier.

CHAPITRE XI.

GRADE DE CHEVALIER ROSE-CROIX,

Dit aussi Chev.·. de l'Aigle, du Pélican, Maçon d'Hérodom, Chev.·. de Saint-André, Parfait Maçon.

Sa première dénomination, si elle n'a pas pour origine le nom de Rosencreutz, dont nous allons parler, lui vient de la douceur et de la pureté du Christ, comparées à celles de la rose; la seconde, de la haute idée qu'on s'est faite de l'aigle à cause du vol élevé de cet oiseau, que les poëtes ont appelé le roi des airs, dont il est plutôt le tyran; la troisième, de l'opinion vulgaire qui croit que le pélican nourrit ses petits du sang qu'il tire de son sein; la quatrième, de la montagne d'Hérodom (p. 213), la L.·. de ce nom passant pour être la métropole des chapitres écossais; la cinquième, du patron de l'Ecosse, dont la fête est solennellement célébrée par les chap.·. de ce pays; la sixième enfin, du motif qui a fait donner le même nom à d'autres gr.·., lorsqu'ils étaient les derniers du système reçu dans une contrée ou à une époque donnée (p. 228, Chev.·. d'Or.·.; 229, l'Archit.·.; note C, le Royal-Arche).

Nous n'entreprendrons pas de concilier les opinions contradictoires, qui ne sont d'ailleurs que des conjectures, sur l'origine de ce grade. Nous en avons cité quelques-unes dans notre Mém.·. sur l'Ecoss.·. L'immense répertoire historique, intitulé *Les Fastes universels*, par Buret de Longchamps, en offre une autre, relative à l'allemand Christien de Rosencreutz, né en 1378, et qui voyagea beaucoup dans l'Orient. Il y vit de prétendus philosophes, qui se vantaient de savoir tout, de parler toutes les langues, et de pouvoir prolonger la vie humaine jusqu'à 140 ans. On rapporte de lui des choses merveilleuses, comme de tous les hommes réellement célèbres, ou auxquels leurs partisans ont voulu donner de la célébrité. Ses disciples ont formé une société qu'on a cherchée partout, et qu'on n'a trouvée nulle part. On explique cela en disant qu'ils se communiquaient leurs secrets sans se réunir, du moins en assez grand nombre pour attirer l'attention sur eux. Cabale, magie, astrologie, hermétisme et alchimie, recherche de la pierre philosophale, ou art de faire de l'or et de procurer une vie très longue, théosophie et illuminisme (folie du visionnaire, dont il est difficile de le guérir, parce qu'il prend en pitié la raison humaine, et se prétend éclairé par un principe intérieur, surnaturel et divin, qui l'élève aux connaissances les plus sublimes), telles étaient leurs chimères. Elles peuvent être le sujet de discours curieux, qui prouveraient combien s'égarent même les hommes instruits, lorsqu'ils abandonnent les routes qui conduisent à la vraie science.

Il a existé, dit-on, une autre secte de *Frères de la Rose-Croix*, qui avaient un but digne de la maç.·., celui de rendre les hommes meilleurs et plus heureux (Andréa, de Wurtemberg, Mém.·. sur l'Ecoss.·.). Passons au R.·. C.·. de nos jours.

§ I. CARACTÈRE PARTICULIER DU GR.·. EN OPPOSITION AVEC L'ESPRIT ET LE BUT DE LA MAÇ.·., ET NÉCESSITÉ DE LE GÉNÉRALISER. — MODIFICATIONS TRÈS SIMPLES PROPOSÉES.

Ce caractère est religieux sans aucun doute. Déjà le 15e gr.·., et les deux suivans, conçus dans le même esprit, et qui en complètent la partie historique (réelle ou fictive), ont averti le maç.·. des degrés supérieurs, que le culte est ici, avec la chevalerie, l'objet qui appelle son attention spéciale. Zorobabel en effet, délivrant ses concitoyens de la servitude, et les ramenant dans leur patrie, n'est pas seulement le type d'un chevalier qui se dévoue à de nobles et difficiles entreprises pour le service de sa nation : c'est encore un chevalier religieux, dont la grande pensée est la reconstruction du temple. Cette circonstance est concluante, mais elle est la seule qui autorise une telle déduction. Le R.·. C.·. montre son but d'une manière bien plus explicite et plus positive Il ne porte malheureusement ses vues que sur le remplacement par un autre, d'un culte qui a encore beaucoup de partisans.

La 1re et la 5e dénomination de notre R.·. C.·., les instructions, les formes et les cérémonies, entre autres, les inscriptions des colonnes dans les voyages, le signe du bon pasteur, le mot sacré, les génuflexions devant l'autel, les tableaux exposés dans les deux chambres, la cène, le choix du jour pour sa célébration, le lavement des pieds, qu'on fait rarement, mais que les rituels prescrivent, le rejet de ce gr.·. par la maç.·. anglaise *acceptée* (note C), tout prouve qu'il a été institué dans des vues chrétiennes, que la foi dont on y parle, est celle du christianisme, et particulièrement du catholicisme, que la loi nouvelle, indiquée comme moyen de retrouver la parole perdue, est la loi chrétienne, substituée à la loi judaïque.

Ces vues seraient excellentes si tous les peuples de la terre étaient chrétiens. Et plût à Dieu qu'ils le fussent, du moins dans le sens de l'Evangile, comme le désiraient les anciens R.·. C.·. réformateurs. C'est un bonheur pour nous d'espérer qu'à l'aide du temps, des progrès de la civilisation, et de la diffusion générale des lumières, ils le deviendront, soit qu'ils s'appellent chrétiens, soit qu'ils se disent initiés ou francs-maçons; car le christianisme *primitif*, celui de l'Evangile, lorsqu'on explique dans un sens raisonnable, d'après l'esprit général de la doctrine du Christ, mort longtemps avant la publication de ce livre, quelques passages, ou mal traduits, ou mal interprétés, ou dont l'expression a l'exagération du style oriental, le christianisme, disons-nous, et la fr.·.-maçon.·. sont une seule et même chose. On a dû s'en convaincre par tout ce que nous avons dit précédemment : nous en achèverons la démonstration quand nous mettrons le christianisme en face des autres cultes.

Mais les instituteurs du R.·. C.·., environnés de chrétiens, n'ont pensé qu'à ceux-ci; ils ont regardé comme nulle une nation disséminée, mais très nombreuse; ils ont partagé le préjugé de l'ignorance superstitieuse, qui ne comptait pas les Juifs pour des hommes, et qui en a forcé une grande partie à s'avilir par d'ignobles ou de coupables spéculations, pour vivre au milieu d'une société qui ne leur permettait pas de prendre une position honorable. Ils ont oublié qu'il existe, même en Europe, augrand peuple de Musulmans, qui l'ont fait trembler plus d'une fois, et ont failli l'envahir, que l'Asie et l'Afrique en sont remplies, que beaucoup d'autres millions d'hommes ne sont pas chrétiens, que dans l'intérêt même du christianisme et de la civilisation, il ne faut pas leur fermer les portes de nos temples, qui les réconcilieraient promptement et par des voies douces, avec l'un et l'autre. Ils ont oublié enfin que l'initiation ancienne, qui ouvrait difficilement son sanctuaire aux étrangers, s'empressait néanmoins de les y admettre, lorsqu'elle les en trouvait dignes par leur grand caractère, leur amour de la science et leurs vertus, sans s'informer s'ils étaient disciples de Brama, de Zoroastre, de l'égyptien Hermès, ou du Mercure grec; que l'init.·. moderne, lorsqu'elle se bornait à trois ou quatre gr.·., était constituée de manière à pouvoir être communiquée aux religionnaires de toutes les sectes (p. 179 et 180, 215, 229 et 250). Par le G.·. Archit.·., n'y a-t-il pas dans le monde assez de causes qui divisent les hommes? Des sages ont fondé à une époque qui remonte à des milliers d'années, les premiers chrétiens (philosophes religieux initiateurs, note 3, p. 80), et plus tard, d'autres sages ont repris une institution qui tend à les réunir par des principes éternels et universels, propres à à faire l'homme de bien en tout temps et en tout lieu; et vous, législateurs mal avisés, vous avez dénaturé cette sainte institution, unique sur la terre, la seule qui crie à tous les humains qu'ils sont et doivent être une même famille, malgré les sectes qui les partagent. Vous avez eu le triste courage de lui enlever le mérite qui n'appartient qu'à elle, mérite d'un prix infini, celui d'éteindre les torches du fanatisme, et de ramener la paix religieuse parmi les nations et les familles. Voyez comme ces principes de tolérance et de conciliation se sont répandus dans les pays où la maç.·. a pu les proclamer avec quelque liberté : de ses temples mystérieux ils se sont propagés dans toutes les classes; ils forment aujourd'hui l'opinion générale, même parmi les peuples et les princes qui ne les adoptent pas encore dans toutes leurs conséquences. Il n'y aura plus de massacres religieux, plus de banissemens de sectaires en masse, plus de dragonnades, plus d'auto-da-fé, et cela, grâce à la tolérance dont les philosophes ont démontré la nécessité et la haute raison, et que la maç.·., plus accessible que l'ancienne initiation, *a popularisée et pratiquée* (II). Vous l'avez dépouillée de son plus bel attribut, de ce caractère d'universalité par lequel elle peut inviter toute la famille humaine au banquet de la fraternité, pour en faire une secte qui ne peut convenir qu'à une partie de cette famille. Peu importe que cette partie soit considérable et plus avancée en civilisation, lorsque vous en excluez une autre plus considérable encore, et qui se compte par centaines de millions. Vous ne leur reconnaissez donc pas la qualité d'hommes? Car, s'ils sont hommes, ils sont vos frères d'après les principes mêmes du christianisme : vous n'avez compris ni le christianisme, ni la fr.·.-maçonnerie.

Aussi, pour être conséquens, vous avez exigé dans vos rituels, que les aspirans au gr.·. de R.·. C.·. fussent chrétiens; et vos successeurs, aussi aveugles qu'ingrats, ont repoussé les disciples de Moïse, auxquels vous et eux avez fait tant d'emprunts; vous avez mis ceux d'entr'eux qui sont fidèles à leur loi, dans l'impossibilité morale de se présenter à ce g.·.; des chap.·. ont formellement arrêté qu'ils ne pourraient le recevoir, et aujourd'hui encore, on élève dans certain pays, la scandaleuse question de savoir si l'on peut les admettre même aux premiers degrés de l'initiation.

Enfin, l'organisation actuelle du R.·. C.·. est une violation flagrante de la loi qui régit la maç.·. dans toutes les contrées et dans toutes les rites, celle qui interdit les controverses religieuses (E.) En recevant un sectaire ou un non croyant, qui a demandé ce gr.·. sans le connaître, vous vous exposez à de fortes objections de sa part, auxquelles il vous faudra repondre, et dès lors, vous voilà entraînés dans une discussion dogmatique; ou bien, si la curiosité le détermine à prendre patience jusqu'à la fin, et qu'il ait du caractère, vous aurez l'affront, et vous subirez l'inconvénient grave, après lui avoir tout révélé, de le voir refuser la consécration. Il vous reprochera vos cérémonies, respectables ailleurs, mais qui, dans nos temples, où des hommes de toutes les opinions doivent pouvoir se trouver sans être assujétis à ce que leur culte ne prescrit pas, ou même condamne, sont des actes de faiblesse pour les uns, d'idolâtrie pour les autres, paraissent ridicules à ceux-ci, impies à ceux-là.

Le vrai croyant s'indigne en effet qu'on parodie des cérém.·., saintes pour lui, dans un lieu qui ne leur est pas consacré. Le chrétien d'une communion qui les rejette, s'y soumet avec regret. Quel sentiment plus pénible encore doit éprouver l'Israélite! L'homme qui n'admet que les dogmes communs à tous les cultes, et celui qui place la religion dans la morale seule, voient ces cérém.·. avec pitié. Ainsi elles ne conviennent à personne, et tous disent comme cet ambassadeur turc à la vue d'un tournois : « C'est trop si c'est une plaisanterie ; ce n'est pas assez si c'est sérieux. »

Ce n'est donc pas sans de graves motifs que nous essayons de convaincre les chap∴ qu'ils doivent modifier en dépit d'une vieille routine, un gr∴ qui tient un des premiers rangs dans la hiérarchie maçonnique. Nous croyons avoir démontré la nécessité urgente et absolue d'une modification telle qu'il puisse être conféré comme les autres, aux hommes de toutes les opinions. Heureusement elle peut avoir lieu sans changemens notables.

Il est bon, il est même très important que l'on conserve au gr∴ son caractère religieux, mais sans application particulière à tel ou tel culte. Il faut pour cela, que les instructions, que les formes puissent se rapporter à toute institution qui a mis la superstition à la place de la religion véritable, et qui a eu le malheur d'altérer les principes simples de la saine morale, en les compliquant par des théories et des pratiques qui n'ont rien de commun, ni avec ces principes, ni avec le sentiment religieux, en prescrivant ces pratiques indifférentes avec plus d'insistance encore que les devoirs essentiels, en condamnant comme un plus grand crime l'inobservation des premières, que celle des seconds, en présentant pour modèles à imiter, des personnages qui ont passé inutiles sur la terre, s'ils n'ont pas été nuisibles. Prononçons ou souhaitons le *Consummatum est* sur ces fatales aberrations, et lorsque nous disons qu'en nous attachant à la loi nouvelle, nous avons retrouvé la parole perdue, entendons que c'est, non tel culte nouveau substitué à l'ancien, mais un culte quelconque, ramené à la pureté primitive. Les grandes réformes religieuses ont coûté trop de larmes et de sang pour en tenter de nouvelles, d'autant plus que tous les cultes étant fondés sur les lois éternelles de la nature, portent en eux-mêmes le germe de leurs perfectionnemens, qui se réaliseront paisiblement par le progrès de la raison. En attendant, chacun, sauf les formes extérieures, peu importantes relativement au fond, opère ce perfectionnement pour lui-même, en bornant sa foi aux principes fondamentaux, qui font toute la religion. Quant aux croyances secondaires, le sage les respecte dans les autres, les adopte plus ou moins suivant ses lumières et sa conscience, suivant l'interprétation que son intelligence lui permet de leur donner (p. 153, *dogmes et mystères*). Il entre avec le même sentiment de vénération au Prêche, à la Synagogue, à la Mosquée, parce que dans tous ces asiles religieux, il voit ses semblables, ses frères, qui adorent, comme lui dans son intérieur, le dieu de l'univers. Ainsi le grand Scipion, lorsqu'il avait conçu un projet qu'il croyait utile à sa patrie, se rendait seul au temple de Jupiter Capitolin, qui n'était pour lui que le dieu unique, source des bonnes pensées Là il méditait, il mûrissait son projet, il puisait la force nécessaire pour l'exécuter, et cette confiance dans le succès, qui double la force.

D'après ces aperçus, quelles seraient les modifications à faire dans la collation du grade?

En ne considérant les personnages et les choses que sous le rapport de l'histoire ou de l'allégorie, et non de la croyance, nous avons dit p. 179, que Salomon et son temple peuvent être présentés à tous les religionnaires comme symboles d'idées morales. Il en est de même du drame fictif d'Hiram. A plus forte raison, nous pouvons leur offrir à tous celui dans lequel une grande partie de la terre aime à voir la personnification de la vérité, de la charité, de la douceur et de la résignation, le fondateur d'une institution basée sur l'égalité devant Dieu, sur la fraternité universelle. Ils le considéreront à leur volonté comme historique ou comme fictif : cela ne regarde pas la maç∴, qui ne demande pas compte à ses disciples de leurs croyances particulières; mais ils l'accepteront comme type, pour peu qu'ils comprennent notre système allégorique.

Ils admettront avec la même facilité l'instrument de son supplice aussi cruel qu'ignominieux, souffert pour la cause de la vérité, comme ils admettraient, nonobstant leurs croyances diverses, la coupe dans laquelle Socrate but une mort plus douce. Mais cette croix devrait figurer seule dans le tableau du premier appartement ; et, pour répondre aux explications philosophiques dont nous verrons ci-après qu'elle est susceptible, avoir la forme de la croix grecque : il serait bon d'y placer la rose au milieu, et le pélican au pied. C'est l'emblème principal du gr∴, et il n'est ni affligeant pour la vue, ni exclusif. Dans le second appartement, nous préférerions un aigle franchissant les nues d'un vol hardi, symbole de l'esprit religieux, qui se porte vers les hautes régions pour unir le ciel à la terre, les soins et les travaux de la vie mortelle à la grande pensée de l'immortalité. Ce signe convient au gr∴, qui a pris de lui un de ses noms. Si, pour ne pas trop innover, on voulait une figure humaine, nous l'accorderions, avec la confiance que les lumières des maç∴

présens et futurs les garantiront toujours d'être entraînés par leurs symboles à des erreurs superstitieuses (p. 154). Au lieu de la représentation d'un fait qui appartient à un culte spécial, et qui trouve plus d'un incrédule, la résurrection, emblème ici de la renaissance du culte primitif, pourrait être figurée par un génie aux formes sveltes, gracieuses, presque aériennes, s'élevant au-dessus d'un tombeau d'où il semble sortir. L'interprétation serait la même que pour l'aigle.

Est-il besoin de dire qu'on supprimerait les génuflexions, et les dalmatiques ou chasubles (p. 227), sauf à continuer, si l'on y tient, d'en revêtir les récipiend.·., comme un des insignes de leur initiation, et non les assistans, ce qui est autorisé par les rituels. Les mots, s.·. et attouch.·. ne peuvent être changés; d'ailleurs, ils sont bons à conserver, même le s.·. du Bon Pasteur, dont il est aisé de faire une application générale. Cela ne paraît pas d'abord aussi facile pour les quatre lettres du mot sacré. Néanmoins, après que le récip.·. a fait aux quatre questions les réponses littérales, indiquées par les rituels, les présidens peuvent leur donner une interprétation philosophique et maç.·. des lieux et du conducteur. Par exemple, et sans préjudice de meilleures, que l'intelligence trouvera si elle les cherche, le lieu d'où l'on vient pourrait être la L.·. de Maître; celui par où l'on a passé, les premiers gr.·. du chap.·.; le Guide, l'amour de Dieu et de ses semblables; la tribu, celle des hommes de paix et de bonne volonté qui recherchent la vérité et la sagesse. (Voir ci-après d'autres explications assez intéressantes pour être mentionnées dans une instruction, mais qui ne pourraient être admises dans la réception, parce qu'elles exigeraient la supression ou le changement des questions sur les quatre lettres.

Ainsi, pour rétablir dans le R.·. C.·. le système d'universalité qui nous paraît indispensable, il n'y a que deux tableaux à changer, et quelques cérém.·. insignifiantes à supprimer; dans les rituels, peut-être, quelques-unes de ces formules qu'on néglige presque toujours, à omettre ou à modifier. Quant aux instructions, rien de plus facile que de les faire d'après ce système.

§ II. Instructions qui ressortent du grade.

La croix, qui nous rappelle un supplice injuste, dont ne sont pas responsables les descendans de ceux qui l'ont provoqué, ne figure pas seulement dans le christianisme. Longtemps auparavant, elle a servi à indiquer les chemins (p. 269). Elle a été consacrée en Chine à l'adoration du Très Haut : on a trouvé dans l'Asie septentrionale, et dans quelques parties de l'Amérique, de grandes pierres en forme de croix, adorées par les anciens habitans. Plusieurs divinités mythologiques ont eu la même forme dans la Grèce. En Egypte, les *Thots* (bornes) étaient souvent en bois, et figuraient une croix. Sur la pièce transversale étaient des inscriptions relatives aux sciences et aux arts ; et pour multiplier ces inscriptions, on mettait quelquefois deux ou trois traverses, ce qui faisait des croix doubles et triples, que l'on voit fréquemment dans les monumens antiques, ainsi que des croix simples. Elle y était encore considérée comme la clé du Nil, auquel ce pays doit sa fertilité. Le *Tau* en effet est notre T.·. En prolongeant la ligne verticale au dessus de la transversale, avec un anneau à l'extrémité, on a la figure d'une clé cruciforme. Les prêtres de Mithra, Dieu-Soleil des Perses, faisaient le signe de ce tau, ou de la croix, sur le front de leurs initiés. On voit combien était générale la vénération de ce signe, avec des motifs différens, comme limite, comme indication des routes, comme monument des sciences et des arts, ou de la reconnaissance pour les bienfaits du Nil, et surtout comme symbole de l'univers. Suivant la plupart de ces motifs, la ligne transversale devait être vers l'extrémité supérieure de la verticale; mais sous le dernier rapport, que nous allons expliquer, et qui est le plus intéressant aujourd'hui, elle devait être dans le milieu (croix grecque).

On remarque avec autant de plaisir que d'intérêt, comment le bon sens naturel a su, lorsque la science était peu avancée, représenter par un signe aussi simple que deux bâtons qui se coupent dans leur milieu à angles droits, le cours du soleil et la marche des saisons. Il n'est pas étonnant que pour mieux fixer l'attention des peuples sur ces grands phénomènes, auxquels nous devons les productions de la terre, et les exciter à une pieuse reconnaissance envers leur auteur, on ait fait de leur signe représentatif un symbole religieux.

La ligne horizontale représente l'équateur, et la verticale, le méridien. On a ainsi quatre extrémités, où l'on place les quatre points cardinaux, puis les équinoxes de printemps et d'automne aux deux extrémités de l'équateur, et les deux solstices d'été et d'hiver, à celles du méridien, par conséquent les quatre saisons. Par analogie, on réunit au printemps l'adolescence et le matin; à l'été, l'âge adulte et le milieu du jour ; à l'automne, la vieillesse et le cour; à l'hiver, la caducité suivie de la mort, et la nuit. Les alchimistes ont ajouté à ces quatre points, ce qu'ils appelaient les quatre élémens générateurs, le feu, l'eau, l'air et la terre, qu'ils exprimaient par des signes de convention.

En doublant chacune de ces lignes par une autre, pour en former une certaine surface (voir la figure en tête du cahier), on a quatre fois les trois côtés d'un carré parfait, qui donnent chacun trois angles, deux en dedans, un en dehors, douze en totalité, et autant d'équerres, trois par trois, formées par la moitié des deux côtés des angles droits. Ces équerres représentent à la fois les douze mois de l'année, et les douze signes du zodiaque, que les poëtes ont appelés les douze temples ou palais du soleil, parce que dans sa révolution annuelle, il semble parcourir ces douze signes, un par mois, trois par saison. Dans ce parcours, il arrive périodiquement sur chaque branche de la croix. C'est pour cela que ces quatre branches indiquent les quatre principales époques solaires, équinoxiales et solsticiales.

Au centre de la croix, où l'équateur et le méridien se coupent réciproquement, on place un de ces signes, savoir, l'étoile flamboyante (p. 103), le Jéhovah (p. 25), un phénix, un pélican, ou une rose. Ce sont autant d'emblémes du feu divin, de la lumière vivifiante, qui se renouvelle sans cesse, de la bienfaisance inépuisable, de la source de toute beauté, enfin du G∴ M∴ du monde, qui, du centre de l'univers *, lui donne ses lois, règle le cours des astres, verse la fécondité sur la terre, et lui prodigue ses ornemens, afin que ses enfans y trouvent la subsistance et le plaisir. Chacun de ces emblémes a déjà été expliqué. Ajoutons pour la rose, que son alliance avec la croix exprime très bien le mélange des jouissances et des peines de la vie; que nos plaisirs, pour être suaves comme elle, doivent en avoir la délicatesse; qu'ils sont, comme elle, de courte durée; qu'ainsi qu'elle est flétrie par un

* Il ne faut prendre à la lettre, ni cette expression, ni celle *révolution du soleil*. On peut assigner un centre à notre système planétaire. C'est l'astre qui éclaire tous les mondes dont il se compose. Mais l'univers, dont nous ne connaîtrons jamais les limites, n'a pas de centre pour nous. Quant au soleil, la science a prouvé qu'il est fixe, et que son cours n'est qu'une apparence causée par la révolution annuelle de la terre autour de lui, et par l'obliquité de l'écliptique

rayon brûlant, ils périssent pour nous, et se changent en douleurs, si nous nous y livrons avec excès. Quant au pélican, si nous admettons pour la circonstance la fiction vulgaire, nous y verrons l'image de la terre, qui nourrit ses enfans de sa propre substance, d'une mère qui remplit les devoirs sacrés que lui impose la nature, des sacrifices que fait un bon père pour sa famille, de ceux que fait la charité pour le soulagement des malheureux. On sait que le phénix (p. 188) figure la régénération perpétuelle par la mort et la destruction. L'étoile flamboyante, en la considérant ici relativement à son éclat, nous rappelle celui du flambeau de notre monde, et la bonté toute puissante qui a allumé ce foyer intarissable.

Les alchimistes, qui regardaient le feu comme le grand agent de la nature (ce qui est vrai, mais il n'est pas le seul : tout, par un enchaînement admirable, est tour à tour cause et effet), expliquaient les quatre lettres par ces mots : *Igne Natura Renovatur Integra,* la nature est entièrement renouvelée par le feu. Nous croyons avoir expliqué ces initiales dans un sens plus convenable à la maç∴, en disant : *Indefesso Nisu Repellamus Ignorantiam,* repoussons l'ignorance par des efforts infatigables. On attribue aux Jésuites, qui avaient aussi, dit-on, leur gr∴ de R∴ C∴, une interprétation qui serait une exécrable provocation au régicide : *Justum Necare Reges Impios,* il est juste de tuer les rois impies. Mais on a retourné les mêmes lettres contre eux : *Ignati Nationum Regumque Inimici,* les disciples d'Ignace ennemis des nations et des rois.

Les ténèbres auxquelles succède une lumière éclatante, la parole perdue et retrouvée, les colonnes brisées, les instrumens du travail dispersés, la pierre cubique (p. 119) qui sue sang et eau, la douleur et le découragement remplacés par l'allégresse et le travail, tout cela figure très naturellement le triomphe du bien sur le mal, de la vérité sur l'erreur, de la foi éclairée sur la superstition, l'abrutissement et la misère des peuples dans le premier état, l'amélioration de leur sort dans le second.

Les voyages du R∴ C∴ indiquent les efforts qu'exige l'acquisition de la science. Ce n'était pas un emblème, c'était une réalité dans les temps anciens, où les livres étant rares, il fallait se mettre en communication avec les hommes instruits dans les contrées lointaines, pour augmenter le trésor de ses connaissances.

On rencontre dans ces voyages trois colonnes qui indiquent des sentimens et des vertus sans lesquelles on ne ferait aucun progrès dans la route du bien, on ne tenterait aucune amélioration, on ne serait qu'un être passif, inutile à soi et aux autres.

La première col.·. est celle de la *foi*, non cette foi aveugle et superstitieuse, qui rejette tout examen, qui abdique la raison, le plus beau présent fait à l'homme par son auteur, mais cette conviction intime des vérités éternelles, qui nous attache à tout ce qui est beau, noble et généreux; cette confiance filiale dans la suprême bonté, qui nous fait quelquefois passer au creuset de l'infortune pour nous rendre meilleurs; cette ferme persuasion que nous faisons un bon choix lorsque nous préférons l'honnête à ce qui a une fausse apparence d'utilité. C'est enfin cette foi du cœur qui ne nous trompe jamais, par laquelle nous croyons aux jouissances que procure une bonne action, au bonheur réel que donne la vertu, malgré les misères humaines et d'injustes persécutions.

La seconde col.·. est celle de *l'espérance*, qui anime le courage pour travailler au bien de nos semblables, dont la condition doit s'améliorer par les lumières, le travail et les bonnes mœurs; l'espérance, sans laquelle on se rebuterait au moindre obstacle, que Dieu a placée dans nos ames pour nous consoler et nous soutenir dans nos peines, et qui est encore recommandée par un des signes du gr.·., celui où nous élevons les yeux et la pensée vers la puissance souveraine, pour fortifier notre ame, pour nous soumettre à ses décrets, pour échauffer notre zèle.

La troisième est celle de la *charité*, qui embrasse dans son activité brûlante le genre humain tout entier, la patrie, la famille, la grande association maçonn.·., tous ceux qui ont besoin de notre aide, la charité, qui double notre ardeur à faire tout le bien que nous pouvons. Le signe du *Bon Pasteur*, nous rappelle encore cette charité prévenante, qui n'attend pas qu'on l'implore, qui va au devant de l'infortuné, qui le cherche pour le soulager, qui l'étreint pour en faire un autre soi-même, qui sollicite, qui presse l'homme égaré, pour le remettre dans la bonne voie, qui lui fait une *douce violence* pour l'amener au banquet des justes. C'est là le vrai sens du *compelle intrare* (forcez-les d'entrer), dont la plus fausse et la plus funeste des interprétations a fait égorger des millions d'hommes.

La cène qui termine la cérém.·., et dans laquelle les chev.·. réunis en cercle, debout, et un bâton blanc à la main, rompent le même pain, et boivent à la même coupe, est une image touchante de la bienveillance et de la fraternité qui les unissent. Le bâton blanc et la station droite rappellent que cette vie est un passage, dont nous devons employer avec activité tous les momens afin de le rendre utile.

Pour résumer les deux caractères saillans du gr.·., il avertit les R.·. C.·. 1°, qu'ils doivent se pénétrer des nobles sentimens de l'antique chevalerie, et se montrer partout les chev.·. de la faiblesse et du malheur ; 2°, que les meilleures institutions religieuses s'altèrent avec le temps par les faiblesses et les passions humaines, et qu'il est des époques où les abus qui s'y sont glissés, et le progrès des lumières, obligent, sinon de proclamer une loi nouvelle, du moins de revenir à l'esprit de l'ancienne.

NOTES.

C, p. 229. SYSTÈMES MAÇONN.·. ANGLAIS.

Nos voisins d'Outre-Mer ne nous ont apporté que les trois premiers gr.·., les seuls qu'ils pratiquassent alors (p. 212 et 213). Mais depuis 1777, ils en ont ajouté un 4e, qui a été reconnu par le concordat de 1813, le *Maçon de la Sainte-Royale-Arche*, que le concordat semble considérer comme une dépendance de la maîtrise, quoiqu'il ait ses assemblées appelées *chapitres*, et ses officiers à part. C'est ce qu'ils désignent sous le nom de *Rit des anciens maçons*. Leur rit, dit *moderne*, le même pour les trois premiers gr.·., en a quatre autres comme le rit français, mais non identiques, savoir, *Maître de marque*, *Maître passé*, ou *Passe-Maître*, *Très excellent Maître*, *Maçon de la Ste-Royale-Arche*.

En dehors de ce système, il y a une sorte d'écossisme modifié, en 18 deg.·., désignés sous le nom général de *Chevalerie*, dont la pratique n'est pas interdite, et qui n'est guère en vigueur que dans les possessions anglaises de l'Amérique et des Indes. Leurs titres particuliers sont ceux des ordres de chevalerie les plus célèbres dans les principaux états de l'Europe. D'après la prédominance du culte anglican, ils n'ont pas adopté le R.·. C.·. C'est le Royal-Arche (13e de l'Écossisme), qui est le plus haut degré des chapitres. Néanmoins, l'Écoss.·. en 33 deg.·. s'est fait des partisans, et il a des atel.·. nombreux, surtout en Amérique.

D, p. 250. Critiques de l'Écossisme.

Encouragé à la franchise par un concours que la Confédération des H.·. G.·. à la V.·. de Paris proposa en 1822, à la suite de plaintes souvent répétées dans ses séances, sur l'incomplet, le décousu, et d'autres défauts encore plus graves des cahiers de l'Écossisme, et par le programme qui provoquait un examen approfondi des gr.·., depuis le 1er jusqu'au 30e, nous avons jugé ce rit avec une sévérité qu'aujourd'hui encore nous croyons bien fondée. Mais nous raisonnions *a priori*, et nous pensions alors qu'il était presque impossible de faire disparaître dans la pratique les défectuosités de la théorie. Pour parvenir à faire ressortir des séries de gr.·. et de chacun, un but raisonnable et utile, en conservant les principes généraux et la marche des rituels, mais en simplifiant les détails, et en nous bornant à quelques suppressions ou modifications, il n'a fallu rien moins que la nécessité où nous nous sommes trouvé de conférer souvent les H.·. Gr.·., et par suite, le vif désir de les présenter sous un aspect avantageux. Nous avons multiplié nos essais, nous avons revu, corrigé, et quelquefois entièrement refait nos cahiers à chaque collation de ces gr.·., et nous osons croire que nous avons tracé un plan qui mettra sur la voie d'un mode propre à réconcilier avec le haut Écossisme les ennemis de gr.·. aussi nombreux.

D'après cette même expérience, acquise par dix-huit années de présidence dans des atel.·. supérieurs, nous n'insisterions pas aujourd'hui sur quelques-unes des réformes que nous avons proposées il y a vingt ans dans la 3e partie de notre mémoire. Nous n'avions que la prétention de les offrir comme de simples aperçus, comme des essais, dans l'espérance que les parties jugées faibles seraient rectifiées, et que du travail d'une commission préparatoire, et d'une discussion solennelle dans le sein de la Conféd.·., il sortirait un bon système. Cette association paraissait devoir acquérir une autorité morale assez imposante pour le faire adopter. Elle s'est dissoute, et ce travail n'a pu être fait. Mais s'il est possible d'améliorer sans changemens notables le système que l'on a, il vaut mieux ne pas courir le risque des inconvéniens que pourrait entraîner une réforme un peu radicale (p. 153, et note de la p. 179).

E, p. 258. Religion et politique en Maçonn.·.

Qu'on ne se méprenne pas sur le sens de la loi fondamentale qui prescrit de s'abstenir de controverses religieuses. Il n'en résulte pas qu'il faille garder un silence absolu sur la religion. On en parle continuellement dans les atel.·. de toutes les classes, et c'est un des mérites principaux de la maç.·., dans ce siècle surtout d'incrédulité ou d'indifférence sur la partie dogmatique des cultes (p. 81, note 5). Cette loi signifie seulement qu'on ne doit rien *établir* ni avancer qui puisse affliger une croyance quelconque. Ainsi il est évident qu'on peut blâmer sévèrement les méfaits, et plaisanter sur les espiègleries des dieux mythologiques : on n'affligera aucune opinion, puisque personne ne croit plus à Jupiter libertin, à Mercure voleur, à Vénus adultère, au dieu Crépitus, etc. Il n'est pas moins permis de rire des miracles attribués à Zoroastre, des transformations de Sammonacodom, de Vistnou, du dieu Fo ou Fohi, né d'un éléphant blanc par le côté gauche, du voyage de Mahomet au 7e ciel sur la jument Alborac, que l'ange Gabriel conduisait par la bride (voyage au reste qui est, comme tant d'autres contes, l'invention d'un disciple maladroit, et dont il n'est pas dit un mot dans le Coran), et même, de la lumière que des moines de Constantinople voyaient à leur nombril, disputant avec ardeur, et divisant cette capitale alors chrétienne, sur la question de savoir si c'était la lumière du Thabor, et si elle était créée ou éternelle. Mais si le hasard amenait dans nos ateliers un Persan, adorateur du feu, un Musulman, ce qui s'est vu, un Siamois, un Chinois, un Illuminé qui crût à ces aberrations religieuses, nous nous abstiendrions de les critiquer, et nous rendrions un juste hommage à ce qu'il y a de bon dans leur doctrine morale. Voilà comment on peut parler de religion sans soulever de controverses.

Quant à la politique, il y a également deux manières de la traiter, qu'il faut distinguer avec soin ; et c'est avec peine que récemment encore nous avons vu des hommes de talent insister sans faire cette distinction, pour que la maçonn.·. s'y livre. Si la politique est pour eux, comme elle l'est pour les penseurs, *la morale appliquée au gouvernement,* ils ont raison ; mais ils n'ont rien proposé de nouveau. La maçonn.·. en effet s'en est toujours occupée dans ce sens, avec la précaution d'éviter toute application, toute allusion aux personnages et aux circonstances du moment. Par la profession de principes qui doivent guider les gouvernans comme les simples citoyens, par la citation des faits historiques, qui prouvent que les premiers se sont perdus toutes les fois qu'ils se sont écartés de ces principes, elle a amélioré la politique, aussi bien qu'elle a perfectionné le système religieux en démontrant avec précision et clarté, sans discuter les théologies diverses, ce que c'est que la religion, comment elle existe dans tous les cultes, et même sans eux, comment elle se concilie avec tous, dans le cœur de l'homme vertueux et sensé. Sa doctrine sur l'un et l'autre sujet a sappé dans leurs fondemens toutes les tyrannies, toutes les fraudes (p. 245). Ce grand service que la maç.·. a rendu à l'humanité, ses ennemis eux-mêmes l'ont reconnu : ils ont tourné en reproche contre elle ce qui l'honore, d'avoir sensiblement contribué à la révolution de 89 par les idées et les habitudes auxquelles elle a familiarisé ses disciples, et qui de ses temples se sont progagées dans la société.

Mais si l'on entend par politique, des discussions sur telle ou telle forme de gouvernement, la critique de celui sous lequel on vit, de sa marche, de ses actes; si, non content qu'elle suive le progrès des idées pour l'amélioration sociale, qu'elle les devance même, ce qui est son devoir, on veut encore qu'elle prenne parti pour des systèmes opposés à ceux de l'administration du pays, on la jette hors de sa sphère et sur un double écueil. Les réunions seront interdites, et si elle échappe quelque temps à la surveillance de l'autorité, elle n'échappera pas aux dissensions, aux haines ardentes que la différence des opinions en ce genre excite trop souvent dans les familles elles-mêmes. On parle de prudence; mais peut-il y en avoir lorsqu'une fois on est engagé dans ces brûlans débats? C'est un barril de poudre dans le voisinage du feu, et dont la plus légère étincelle détermine l'explosion : il faut s'en tenir tout-à-fait éloigné. Cette nécessité a été si bien sentie partout, que dans les pays où l'on peut exprimer sa pensée le plus librement et sans le moindre risque, aux Etats-Unis, par exemple, on ne fait jamais d'excursion sur le domaine de la politique.

F, p. 248. Répétitions.

On s'en console un peu en pensant que la faiblesse humaine oublie souvent dans la pratique les meilleurs préceptes ou conseils, et qu'il est utile de les rappeler, surtout quand les formes sous lesquelles on les représente, ne sont pas les mêmes. C'est une compensation des inconvéniens de la multiplicité des gr.·., qui permet aux présid.·. et aux orat.·. de faire ressortir les parties les plus intéressantes avec plus de soin et de détails. Nous n'en regrettons pas moins que les onze premiers gr.·. ca-

www.ingramcontent.com/pod-product-compliance
Ingram Content Group UK Ltd.
Pitfield, Milton Keynes, MK11 3LW, UK
UKHW021308190726
13839UKWH00007B/543

9 782329 459813